Auf den Spuren der Glückseligkeit

MATA AMRITANANDAMAYI

Auf den Spuren der Glückseligkeit

Theseus Verlag

INHALT

VORWORT

Die Suche nach Glückseligkeit begleitet uns das ganze Leben. Wir suchen in allem, das uns als Glück verheißend versprochen wird, vornehmlich in äußeren Dingen und sinnlichen Vergnügungen. Glückseligkeit liegt jedoch, so Mata Amritanandamayi, nicht darin, sondern in uns selbst. *Die Menschen haben vergessen, wer sie sind: nämlich der eigentliche Mittelpunkt von allem, das Zentrum der ganzen Schöpfung.*[1] Sie sind, wie Mata Amritanandamayi betont, Verkörperungen der Liebe, und Mitgefühl ist der Ausdruck davon.

Folgen wir ihrer Betrachtungsweise, dann fällt das Streben nach Vergnügungen durch die Sinne von selbst weg. Wir werden das Ziel des Lebens erkennen und dafür leben. *Ihr werdet in der Lage sein, euch an der Glückseligkeit des Selbst zu erfreuen, aber ihr müsst mit all euren Gefühlen und Gedanken immer auf Gott ausgerichtet sein.*[2]

Schon über dem Tor des Orakels von Delphi stand: »Erkenne dich selbst«. Gemeint ist damit, dass wir unsere wahre Natur erkennen sollen, eine Natur, die Glückseligkeit ist. In den ganzheitlichen Philosophien des Ostens ist dies einer der wesentlichen Grundgedanken. Das *Sanatana Dharma*, welches die philosophischen und religiösen Traditionen Indiens bezeichnet, die auf dem Veda beruhen, wird auch als Ewige Religion oder Wahrheit bezeichnet. Gemäß der Überlieferung wurde diese Wahrheit den Sehern (Rishis) offenbart. Auf diesen Offenbarungen (Veden[3]) beruhen gleichfalls die anderen heiligen Schriften der Tradition, unter anderem das Ramayana, die Puranas und das Mahabharata. Die Philosophie des Sanatana Dharma schließt alle Bereiche des Lebens ein und bildet die ethische Grundlage für eine Gesellschaft, die auf Rechtschaffenheit und dem Glauben an das Göttliche aufgebaut ist.

Mata Amritanandamayi, meist Amma (Mutter) genannt, ist die bekannteste gegenwärtige Vertreterin des Sanatana Dharma. Sie wurde als dessen Repräsentantin 1995 zum Weltkongress der Religionen in Chicago eingeladen, und im vergangenen Jahr sprach sie erneut beim Gipfeltreffen religiöser Führer in New York zum Thema »Weltfrieden im neuen Jahrtausend«.

Mata Amritanandamayi betont in ihren vielen Ansprachen und Gesprächen mit Interessierten immer wieder die wesentlichen Prinzipien eines glücklichen und erfüllten Lebens: *»Begnügt euch mit einem friedlichen und einfachen Leben. Gebt anderen, was übrig ist, nachdem eure eigenen Bedürfnisse gestillt sind. Lebt, ohne andere zu verletzen, und lehrt einander diese Prinzipien.«*[4]

In ihrer Rede vor der UNO im Jahre 2000 wies Amma außerdem darauf hin, dass es der Mangel an Bewusstheit über unsere wahre Natur sei, weshalb wir leiden, und dass es die Rolle der Spiritualität sei, diese Bewusstheit zu erwecken und uns zu helfen, Eigenschaften wie Liebe, Mitgefühl, Toleranz, Geduld und Demut zu entwickeln.

Die wesentliche Wirkung der Worte Ammas beruht darauf, dass sie diese in vorbildlicher Weise verkörpert. Sie hat kein anderes Ziel, als den Menschen selbstlos zu dienen und ihnen zu helfen. Ihre Hilfeleistungen schließen von daher auch umfangreiche materielle Unterstützung, in Form von zahlreichen karitativen Einrichtungen, ein.

Mata Amritanandamayi ließ sich in ihrem eigenen Leben trotz widriger Umstände niemals entmutigen und zeichnete sich durch einen unerschütterlichen Glauben an Gott und das Gute in der Welt aus. Gleichzeitig erlebte sie von Kindheit an Phasen absoluter Glückseligkeit. Ihre Sehnsucht nach Gott blieb nicht ohne Erfolg. Sie erlangte schließlich einen Zustand der ständigen Verankerung im Göttlichen, einen Zustand fortwährender Glückseligkeit.

Daraufhin begannen Menschen Amma aufzusuchen. Sie baten sie um Rat und Hilfe bei allen Arten von Schwierigkeiten. Amma, die niemals die Schriften studiert hat, verblüffte mit Antworten voll profunder Weisheit und mit tiefen Einsichten über das Wesen des Lebens.

Einige der wichtigsten Aussagen Ammas zum Erreichen eines Lebens voller Glückseligkeit sind in dem vorliegenden Band zusammengefasst.

H.-C. Neder

---

1) Erwacht, Kinder!, Bd. IX, Amritapuri 2001, S. 66

2) Ewige Weisheit 1, Amritapuri 1998, S. 203

3) Von den vedischen Texten zählen nur die Samhitas, Brahmanas, Aranyakas und die Upanishaden zu den Offenbarungen.

4) Ewige Weisheit 1, Amritapuri 1998, S. 27

DIE KINDHEIT UND JUGEND VON MATA AMRITANANDAMAYI (AMMA)

Amma wurde an der Südküste Keralas in einem kleinen Fischerdorf geboren. Ihr Vater verdiente sein Einkommen mit Fischhandel. Ammas Mutter erzählt, dass das kleine Kind nicht wie andere Babys nach der Geburt geschrien habe, sondern ein strahlendes Lächeln auf seinem Gesichtchen hatte. Man nannte sie zunächst Sudhamani, was so viel wie ›reiner Juwel‹ heißt.

Mit sechs Monaten konnte sie laufen und sprechen, und im Alter von drei Jahren sang sie beinahe ohne Unterlass. Mit fünf Jahren komponierte sie ergreifende Lieder zu Ehren Gottes. Für ein Kind ihres Alters waren diese Lieder von einer außergewöhnlichen Tiefe.

Sudhamani bezauberte und entzückte alle Menschen um sie herum. Ihre eigene Familie fühlte sich jedoch von ihren göttlich inspirierten Stimmungen, intensiven meditativen Zuständen, ihrem Singen und ihren ekstatischen Tänzen gestört. Aus Unkenntnis gingen sie sogar so weit, das kleine Mädchen dafür außerordentlich hart zu bestrafen.

Als Sudhamani neun Jahre alt war, erkrankte ihre Mutter. Obwohl Sudhamani Klassenbeste war, musste sie die Schule verlassen und sich um die gesamte Familie kümmern. Dies war eine niemals endende Aufgabe. Sie hatte sieben Brüder und Schwestern zu ernähren, zu kleiden und sich um die Tiere zu kümmern. Sie wurde zum Dienstmädchen der Familie. Ihre Arbeit begann vor Sonnenaufgang und endete um Mitternacht.

Um die Kühe ihrer Familie zu füttern, musste Sudhamani die Essensabfälle der Nachbarn einsammeln. Wenn sie in ihre Hütten kam, sah sie, wie die Menschen hungerten und insbesondere die alten Menschen meist vernachlässigt wurden. Sudhamani war voller Mitleid für sie und gab ihnen Nahrung und Kleidung, die sie ihrer Familie entwendet hatte. Deshalb wurde sie ausgeschimpft. Als sie das goldene Armband ihrer Mutter einer Familie schenkte, die am Verhungern war, gerieten die Eltern außer sich.

Sudhamani ließ sich jedoch nicht von ihren barmherzigen Taten abhalten.

Die Einsamkeit der Nacht wurde zu ihrem Schutz, und sie verbrachte Stunden in Meditation und intensivem Gebet. Stets hatte sie ein Foto von Krishna in der Tasche ihrer Bluse und wiederholte ununterbrochen seinen Namen.

Als Teenager wurde Sudhamani in die Häuser von Familienangehörigen geschickt, um im Haushalt zu helfen.

Am Ende ihrer Jugend erlebte Sudhamani trotz der schwierigen äußeren Lebensumstände innere Glückseligkeit. 1975, im Alter von 22 Jahren, befand sie sich beständig in einem Zustand allumfassender Liebe. Dies offenbarte sich immer wieder in Phasen göttlicher Trunkenheit. Den Menschen in ihrer Umgebung blieb dies nicht verborgen. Weil es keinen anderen Ort gab, ihr zu begegnen, suchten sie Amma am nahe gelegenen Strand auf.

Eine Gruppe von Jugendlichen aus dem Dorf, die sich selbst »die Rationalisten« nannte, war jedoch gegen Amma eingestellt und versuchte ihr zu schaden. Aus Mitleid mit seiner Tochter baute Ammas Vater den Kuhstall zu einem Ort um, an dem sie Menschen empfangen konnte und vor den ständigen Angriffen geschützt war.

Zu dieser Zeit sagte Amma:

»Das Ziel meines Lebens ist der selbstlose Dienst für die leidende Menschheit. Ich bin nicht hier, um etwas zu erreichen, sondern um für das Glück der anderen allem zu entsagen.«

Sudhamanis älterer Bruder züchtigte sie schrecklich. Eines Tages bekam er aufgrund der Menschenansammlungen rund um seine Schwester einen Wutanfall und warf sie aus dem Haus. Sudhamani lebte zufrieden unter freiem Himmel im Schutz von Mutter Natur.

Nach wie vor kamen viele Dorfbewohner zu ihr, um Trost zu finden. Die Nachricht verbreitete sich, dass sie eine außergewöhnliche Liebe ausstrahle und die Probleme der Leute verstand, ohne dass man sie darüber informiert hatte. Sudhamani tröstete und half Menschen und heilte sie sogar. Trotzdem wurde sie von der Dorfjugend vermehrt attackiert, und diese versuchte sogar, sie umzubringen. Diese Ereignisse waren schwere Erschütterungen für Sudhamanis Familie. Doch sie sahen den Mut und die Beständigkeit ihrer Tochter, ihr Mitgefühl und ihren vollkommenen Gleichmut ihren

Gegnern gegenüber, und so begannen sie zu verstehen, dass ihr Leben einer ganz besonderen Aufgabe geweiht war.

1979 kamen zum Erstaunen von Ammas Familie die ersten gebildeten jungen Leute aus gutem Hause. Sie erkannten Ammas außergewöhnliche Qualitäten als Lehrerin und baten sie, ihre spirituelle Meisterin zu werden. Sie waren es, die ihr den Namen ›Mata Amritanandamayi‹ gaben. Sie bauten eine Strohhütte neben dem Haus ihrer Familie. Das war der Anfang des Ashrams (Klosters). Aus diesen bescheidenen Anfängen wuchs das gegenwärtige Zentrum mit mittlerweile über 1000 Bewohnern.

H.-C. Neder

DIE KRAFT HINTER ALLEM

Gottes Entschluss steht hinter allem – hinter dem Blühen einer Blume, dem Zwitschern eines Vogels, der Bewegung des Windes und den Flammen eines Feuers. Es ist die Macht, kraft derer alles wächst; es ist die Macht, die alles erhält. Dieser göttliche Entschluss ist die Ursache, welche der Geburt, dem Wachstum und dem Tod aller lebenden Wesen zugrunde liegt. Er ist die Ursache der gesamten Schöpfung. Die göttliche Kraft, und nur sie, erhält die Welt. Ohne sie würde die Welt aufhören zu existieren.

※

Die Menschen sind sich ihres wirklichen Wesens nicht bewusst. Schaut euch die kleinen Vögel an, die am Teich leben. Sie wissen nicht, dass sie Flügel haben. Sie wollen nicht in die Höhe fliegen, um sich am Blütennektar der Bäume um den Teich herum zu erfreuen. Sie leben einfach von dem, was der Schmutz des Teiches bietet. Doch wenn sie in die Luft flögen und den Nektar kosteten, würden sie nicht mehr in den Morast darunter zurückkehren. Ebenso verbringen die Menschen ihr Leben in Unkenntnis der Glückseligkeit, die man durch reine Liebe zu Gott erhält.

Das Leben und Gott sind ein und dasselbe. Du bist Gottes Kind. Gott würde nie alle Türen für dich verschließen. Seine uneingeschränkte Liebe und Sein Mitleid würden es Ihm nicht erlauben, derart grausam zu sein. Gott hält immer mehr als eine Tür offen. Die Türen mögen vielleicht geschlossen erscheinen, aber tatsächlich stehen sie einen kleinen Spalt weit offen. Ein leichter Stoß reicht, und sie öffnen sich. Doch unsere Augen sind wegen unserer Unwissenheit blind. Wir sind nicht in der Lage, die offenen Türen zu sehen, durch die das Licht der Gnade Gottes hereinströmt.

✳

Es gibt nur einen Gott. Christen beziehen sich auf Christus, Moslems auf Allah, Hindus auf Shiva, Krishna oder die göttliche Mutter. Es handelt sich immer um ein und denselben Gott. Das Gottesverständnis eines jeden Menschen und die Weise, wie er Ihn verehrt und anbetet, richten sich jedoch nach seiner jeweiligen Kultur.

✳

Das ist der Zweck der Religion: zu erkennen, dass kein Gott und keine Göttin getrennt von unserem innersten Selbst existiert. Diese höchste Erfahrung des Einsseins mit der Wahrheit bildet das Fundament aller religiösen Lehren.

✳

Die Erfahrung des Einsseins mit der inneren Wahrheit ist das Ziel aller Religionen. Warum sollte es irgendwelche Religionen geben, wenn diese Realisierung nicht erreicht werden könnte?

Gottes Entschluss wirkt hinter allem in der Schöpfung. Die Göttlichkeit ist immer gegenwärtig, doch unsere Ungeduld verschließt die Türen und verhindert, dass der göttliche Entschluss in unserem Leben seine Wirkung entfaltet.

✳

Wir denken, dass alles aufgrund unserer Kraft geschieht. Doch ohne Gottes Kraft sind wir nur unbewegliche Körper. Wir prahlen damit, dass wir die ganze Welt niederbrennen können, indem wir auf einen Knopf drücken. Doch müssen wir nicht den Finger bewegen, um auf den Knopf zu drücken? Woher bekommen wir die Kraft dafür?

Gleichermaßen vermögen wir nur aufgrund der Gnade und Kraft des Allerhöchsten zu handeln. Er ist es, der uns immer schützt. Wenn wir uns Ihm anvertrauen, wird Er uns immer führen. Mit solchem Glauben werden wir niemals ins Wanken geraten.

✳

Gott ist überall. Wir werden im Höchsten Selbst geboren; wir leben darin, sterben darin und werden darin wieder geboren. Er ist kein Wesen in weiter Entfernung. Gott ist wahrlich ›näher als das Nächste‹. Die scheinbare Entfernung entsteht durch unser Nichtwissen. Solange das Nichtwissen existiert, solange wird das Selbst (Atman) weit entfernt erscheinen, ›ferner als das Fernste‹.

Ist einmal die falsche Vorstellung, wir seien der Körper, ausgeräumt, dann wird das, was ›ferner als das Fernste ist‹, ›näher als das Nächste‹. Wir erkennen dann, dass wir vom Göttlichen nie entfernt waren, dass wir immer in ihm existierten – es war immer *hier*.

Gott, das Höchste Bewusstsein, ist sehr nahe. Aber aufgrund unserer irrigen Identifizierung mit Schmerz, Vergnügen, Sorge, Ärger und all den anderen Emotionen – die durch das Missverständnis verursacht werden, dass wir der Körper seien und nicht das Bewusstsein – empfinden wir eine Distanz dazu. Diese Identifizierung entspringt der Unwissenheit. Sowie du diese Unwissenheit überwunden hast und nicht länger mit dem Körper identifiziert bist, wirst du nicht mehr erfahren, dass du Schmerzen hast oder der Schmerz bist, sondern lediglich, dass du den Schmerz wahrnimmst. Du wirst zum Zeugen, der den Schmerz oder andere Empfindungen einfach beobachtet. Dein Bewusstsein bleibt von dem, was im Körper geschieht, unberührt. Sobald sich diese Art der Wahrnehmung einstellt, wird uns Gott näher als das Nächste sein. Doch bis dahin erscheint Er ferner als das Fernste. Dies erklärt, wieso das, was weit entfernt ist, auch sehr nahe liegt.

In diesem unendlichen Spiel des Bewusstseins, in dem Gott das eigentliche Zentrum ist, erscheint nichts als unbedeutend. Alles wird von Göttlichkeit durchdrungen. Jeder Grashalm und jedes Sandkorn ist von göttlicher Energie erfüllt. Der so Erwachte hat also die Haltung tiefer Verehrung und Demut gegenüber aller Schöpfung, denn gelangt man einmal über das Ego hinaus, ist man nichts – grenzenlose Nichtigkeit, erfüllt mit Göttlichem Bewusstsein. Wenn du die innere Haltung des beständigen demutsvollen Verbeugens vor jeglicher Existenz besitzt, dann strömt diese Existenz in dich ein. Du erfährst, dass alles ein Teil von dir und nichts abgetrennt ist.

Hast du einmal den Zustand des Gott-Bewusstseins erreicht, so werden Frieden und Mitgefühl unweigerlich folgen, weil Frieden und Mitgefühl vom Gott-Bewusstsein so untrennbar sind wie das Licht von der Lampe oder der Wohlgeruch von der Blume. Ist die Lampe entzündet, so wird sie leuchten. Hat sich die Blume geöffnet, so wird sie automatisch ihren Duft verströmen. Genauso werden Friede und Mitgefühl zu einem Teil von dir, so dein Herz in der Göttlichkeit erblüht; das ist wie ein Schatten, und du kannst deinen eigenen Schatten nicht vermeiden.

❊

In den scheinbar negativen Erfahrungen, die wir machen, verbirgt sich immer eine göttliche Botschaft. Normalerweise bleiben wir auf der äußeren Oberfläche unserer Erfahrungen. Wir müssen nur unter die Oberfläche einer gegebenen Situation dringen, und die Botschaft wird enthüllt.

❊

Verliere nie den Mut. Verliere nie dein Vertrauen zu Gott oder zum Leben. Sei immer optimistisch, ganz gleich in welcher Situation du dich befindest. Es ist sehr wichtig, optimistisch zu sein. Pessimismus ist eine Art der Dunkelheit, eine Form der Unwissenheit, die Gottes Licht daran hindert, in dein Leben zu treten. Pessimismus ist wie ein Fluch, ein illusorischer Fluch, geschaffen vom illusorischen Verstand. Das Leben ist von Gottes Licht erfüllt, doch nur wenn du optimistisch bist, kannst du dieses Licht erfahren.

Über das Ego hinauszugehen bedeutet, mit dem Weltall eins zu werden. Du wirst so weiträumig wie das Universum. Du tauchst tief in seine Geheimnisse ein und erfährst die letzte Realität. Du wirst zum Meister des Alls.

⚹

Wir sollten solcherart beten: »Alles liegt in Deiner Hand, Oh Allmächtiger. Ich habe keine Kraft, etwas zu tun, ich habe nichts zu sagen. Oh Herr, bitte sei so gnädig und beschütze uns.«

⚹

Alle Formen sind begrenzt und verfügen nur über bestimmte Eigenschaften. Wir sollten jenseits der Formen nach dem Göttlichen streben, das in Wahrheit eigenschaftslos ist.

⚹

Jenseits aller Worte gibt es eine Kraft, und das ist Gott. Jeder sagt, dass uns diese Kraft innewohnt, doch genügt es nicht, dies einfach nur zu sagen. Es sollte auch durch intuitive Erfahrung erkannt werden.

⚹

Gott ist überall. Er ist immer in unseren Herzen; wir wissen es nur nicht.

⚹

Die angesammelten Kenntnisse des Verstandes sollten mit dem Herzen verbunden werden, denn dort findet die wirkliche Erfahrung statt. Es wird die Zeit kommen, wo dein Herz und dein Verstand eins werden. Dieser Zustand lässt sich nicht mehr in Worten beschreiben.

Es handelt sich um direkte Erfahrung, unmittelbare Wahrnehmung. Man kann alle Bücher, die es gibt, lesen, ohne je diese Erfahrung zu machen. Es ist notwendig, überzeugt davon zu sein, dass nur Gott Wirklichkeit ist, und dann ständig an Ihn zu denken. Reinige dein Herz. Sieh Gott in allem und liebe alle Wesen. Mehr ist nicht notwendig. Du bekommst alles, was du brauchst.

Was immer geschieht, ist Gottes Wille. Wir sollten uns als Diener Gottes betrachten. Dann wird es uns nicht mehr möglich sein, uns über jemanden zu ärgern, und wir entwickeln Demut.

✳

Verwirklichung bedeutet, Gott in allem zu sehen, alles als ein und dasselbe zu betrachten und zu erkennen, dass alle Wesen dein eigenes Selbst sind. Wenn die Gedanken verebbt sind, es keine Wünsche mehr gibt und der Geist vollkommen still ist, erfährst du die Einheit mit dem Göttlichen. In diesem Zustand gibt es kein »Ich« oder »Mein« mehr. Dann ist man eine Hilfe für alle Menschen.

✳

Wenn man einen Setzling pflanzt, mag er ein paar Blätter haben, aber erst wenn die Pflanze Wurzeln geschlagen hat, kann man anhand der neuen Blätter das wirkliche Wachstum feststellen. Nur der Glaube, der eigener Erfahrung entspringt, wird dauerhaft sein – wie die neuen Blätter, die nach dem Verwurzeln kommen.

✳

Niemand kann Gott beschreiben. Gott kann nicht mit dem Intellekt erfasst werden. Er kann nur erlebt werden. Jeder kann sagen »Ich bin ein göttliches Wesen«, ohne jedoch wirklich etwas anderes als Freud und Leid des Lebens zu erfahren. Ohne disziplinierte spirituelle Praxis ist die Erfahrung, ein göttliches Wesen zu sein, unmöglich.

Wenn wir alles als Gottes Willen akzeptieren, werden alle Lasten von uns genommen, und wir werden keine Schwierigkeiten erleben. Während andere Freud oder Leid als ihr Schicksal betrachten, sollten wir beides als Gottes Willen annehmen.

⚹

Wir haben diesen menschlichen Körper erhalten, um Gott zu verwirklichen. Jeden Tag kommen wir dem Tod näher. Durch weltliche Vergnügen büßen wir Kräfte ein. Denken wir jedoch unablässig an Gott, wird unser Geist gestärkt. Dadurch gewinnen unsere positiven geistigen Tendenzen an Kraft, und wir können sogar über den Tod hinauswachsen. Daher sollten wir uns bemühen, Herr unserer Schwächen zu werden, solange wir gesund und voller Vitalität sind. Dann braucht man sich um die Zukunft nicht zu sorgen.

⚹

Welchen Namen du auch anwendest, die göttliche Kraft ist ein und dieselbe. Die Menschen hegen in ihrem Herzen Vorlieben für verschiedene Gottesbilder – je nach ihren eigenen Tendenzen. Sie kennen Gott anhand von verschiedenen Namen, aber das alles-durchdringende Bewusstsein ist jenseits aller Namen. Gott ist nicht jemand, der nur reagiert, wenn Er den Ton eines bestimmten Rufes hört – Er wohnt in unserem Herzen und kennt es. Gott hat unendlich viele Namen.

Es ist ein und dasselbe Bewusstsein, das alles durchdringt, einschließlich uns selbst. Obwohl es anfänglich besser ist, die Aufmerksamkeit auf einen bestimmten Namen und die entsprechende Gestalt zu lenken. In fortgeschrittenerem Stadium sollte man fähig sein, das höchste Prinzip in allen Namen und Formen zu sehen.

SEHNSUCHT NACH GOTT

Wenn ihr einen Schritt auf Gott zugeht, wird Er euch hundert Schritte entgegenkommen.

✳

Euer Herz ist ein Heiligtum – und dort sollte Gott seinen Platz haben. Gute Gedanken sind die Blumen, die ihr Gott darbringt; gute Taten entsprechen eurer Verehrung; mit freundlichen Worten anderen gegenüber singt ihr Gott eine Hymne; und eure Liebe ist wie heilige Nahrung, die ihr Ihm anbietet.

✳

Ihr könnt überall nach Gott suchen, aber ihr werdet Ihn nicht finden, weil Er euch näher ist, als ihr euch vorstellt. Er scheint weit entfernt zu sein, aber nur solange ihr unwissend bleibt. Befreit euch von eurer Unwissenheit, schüttelt eure Identifizierung mit dem Körper ab, überschreitet sie, wacht auf und nehmt wahr, dann werdet ihr erfahren, dass Gott ›näher als das Nächste‹ ist.

✳

Gott wohnt allem inne, nicht nur den Menschen. Er ist in den Bergen, den Flüssen und Bäumen, in den Vögeln und den Tieren, in den Wolken, der Sonne, dem Mond und den Sternen. Alles in der Natur dient einem Zweck. Es gibt keine Fehler in der Schöpfung Gottes. Jede von Gott erschaffene Kreatur und Daseinsform ist etwas Besonderes. Kann jemand, der das begreift, den Wunsch hegen zu töten und zu zerstören?

❈

Hingabe gepaart mit Weisheit ist wirkliche Liebe. Diese wird benötigt. Es gibt zweierlei Liebe. Liebe der Welt und ihren Objekten gegenüber – sie ist von einer niederen Natur. Liebe ausgerichtet auf Gott ist Hingabe – Liebe der höchsten Art. Es ist reine Liebe. Jeder trägt Liebe in sich, doch kann sie sich nur völlig entfalten, wenn sie auf Gott ausgerichtet ist.

❈

Der Liebende ruft, und die Geliebte antwortet; der Schüler ruft, und der Meister antwortet; der Gläubige ruft, und Gott antwortet. Doch die Art der Antwort hängt vom Ruf ab.

❈

Die tiefste Ursache aller emotionalen Wunden ist unsere Trennung von Gott, von unserem eigentlichen Wesen. Es mag für einen Menschen nötig sein, zu einem Psychologen zu gehen, und das ist in Ordnung – aber die Spiritualität beiseite zu legen, um als Erstes das Ego zu stärken, bedeutet, jenes Gefühl der Trennung aufrechtzuerhalten, und das wird nur zu weiterem Leiden führen. Was nützt es zu denken: »Ich werde zum Arzt gehen, sobald ich mich besser fühle.«? Zu warten, bis innere oder äußere Umstände ›gerade richtig‹ sind, bevor wir uns auf die spirituelle Reise begeben, ist, als ob man an der Küste steht und wartet, bis die Wellen vollkommen zurückweichen, bevor man ins Meer springt. Das wird nie geschehen. Jeder Augenblick des Lebens ist so unendlich kostbar, eine so seltene Gelegenheit. Wir sollten sie nicht vergeuden.

※

Lasst uns Zuflucht zu Gott nehmen. Ganz gleich, ob wir im Leben erfolgreich sind oder nicht, es wird uns weiterhelfen. Denn wenn wir zu Gott Zuflucht nehmen, erfahren wir Freude und inneren Frieden. Friede und Wohlstand werden in unserer Familie und in der Welt wachsen.

※

Jene, die nach Gott dürsten, möchten von nichts anderem reden, auch dann nicht, wenn sie von Kummer heimgesucht werden. Sie werden Freud und Leid gleichermaßen begegnen. Bei freudigen Ereignissen werden sie nicht kopflos überschwänglich werden, bei Kummer und Schmerz brechen sie nicht zusammen. Sie können Freude und Leid als Gottes Wille und Segen akzeptieren.

※

Nur Gott ist immer und ewig da. Alles andere wird heute oder morgen vergehen. Es reicht, wenn du mit diesen Gedanken lebst. Mach dir keine Sorgen.

※

Es gibt für alles eine Zeit. Zu bestimmten Zeiten in unserem Leben geht einfach alles schief, egal was wir beginnen. Es hat keinen Sinn, zusammenzubrechen, wenn das geschieht. Halte dich immer fest an

Gott. Er ist unsere einzige Zuflucht. Er wird es nicht versäumen, uns einen Ausweg zu zeigen.

❋

Betrachten wir das Leben von Rama, Krishna, Buddha und Jesus Christus, so können wir erkennen, dass sie jeweils einer Unzahl von Schwierigkeiten gegenüberstanden. Sie handelten mit Geduld und Enthusiasmus und konnten so alle Hindernisse überwinden. Auch in uns steckt eine unendliche Kraft und Energie. Wir müssen lediglich lernen, diese zu kultivieren und nach außen zu bringen.

❋

Wir sollten das Gefühl haben, dass Er der Einzige ist, der ganz zu uns gehört. Wir brauchen vor Ihm nichts zu verbergen. Es ist gut, die Last unseres Herzens zu erleichtern, indem wir Gott unser Leid mitteilen. Bei all unseren Schwierigkeiten sollten wir uns nur auf Ihn verlassen. Ein wahrer Gottsucher wird niemals jemand anderem von seinen Schwierigkeiten berichten. Gott ist seine einzige wirkliche Beziehung.

❋

Das ›Feld‹ des Verstandes sollte mit dem Wasser der Hingabe bewässert werden, damit der Samen des Wissens gesät werden kann. Dann können wir die Ernte der Erlösung einbringen. Jeder, der Hingabe verbunden mit höchster Liebe nur für eine Sekunde gekostet hat, wird niemals mehr davon ablassen.

❋

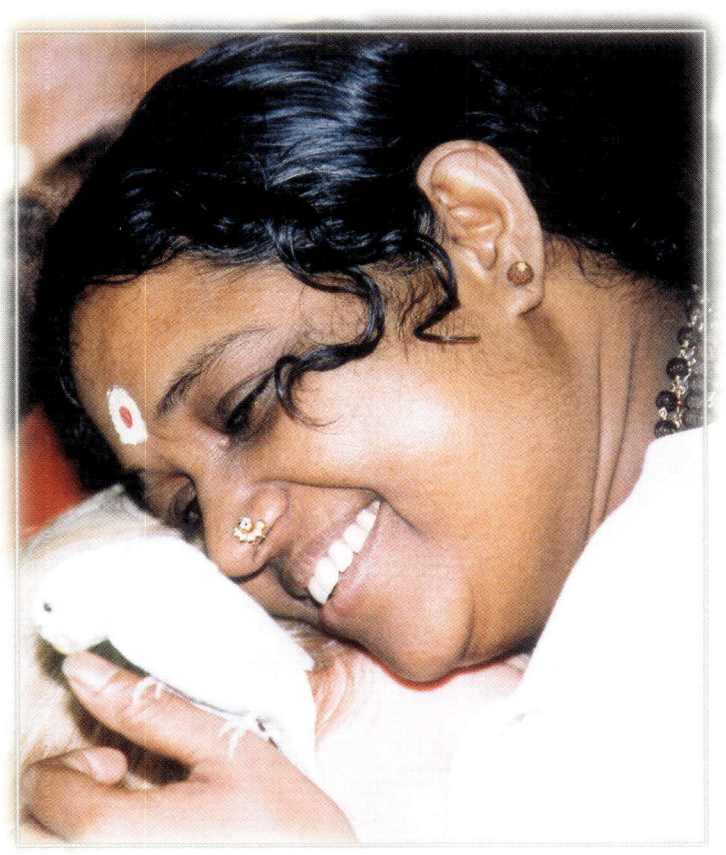

Für den aufrichtigen Sucher ist die Spiritualität kein untergeordneter Aspekt des Lebens – sie ist ein Teil von ihm, genauso wie sein eigener Atem. Sein Glaube ist unerschütterlich. Nichts kann seinen Glauben an die Möglichkeit der Gotteserfahrung zerstören.

※

Wir können die Stufen, die uns zu Gott führen, nicht ohne die bindende Qualität der Liebe bauen.

※

Wir sollten begreifen, dass Gottesverwirklichung das Ziel unseres Lebens ist, und daher Gott mit diesem Ziel vor Augen verehren. Hingabe heißt zu erkennen, dass es ein und derselbe Gott ist, der sich in allen lebendigen Wesen manifestiert, in all den Gottheiten, Namen und Formen.

※

Es ist nicht notwendig, die trügerische, unwirkliche Welt abzulehnen. Von ihr lässt sich lernen, wie man die reale, ewige Welt erreicht. Wir streben die ewige Welt an; jedoch nur durch Liebe können wir diesen Zustand erreichen. Geht der Mond auf, strömen alle Wasser der Seen und Ozeane der Erde ihm aus Liebe entgegen. Die Blume blüht, um sich der Berührung des Windes zu erfreuen. Auch dahinter steht Liebe. Was also schenkt uns Glückseligkeit? Nicht Loslösung, sondern Liebe.

※

Nichts ist unmöglich, wenn du völlige Hingabe hast und dich ständig bemühst. Der Sinn für die Individualität, für das Ego, wird sich langsam auflösen und verschwinden, und gleichzeitig wird sich unser Bewusstsein durch die beständige Erinnerung an Gott ausdehnen. Der individuelle Geist wird zum universellen Geist.

✖

Es sollte uns klar werden, dass sich unendliche Glückseligkeit in uns selbst befindet. Entsprechend dieser Wahrheit sollten wir leben.

Wir können den Duft des inneren Selbst nicht genießen, solange wir in Weltlichkeit eingetaucht sind. Wir zerstören unser innerstes Bewusstsein, wenn wir trivialen Sinnenfreuden nachgehen. Ohne es zu bemerken, verschwenden wir Körper und Sinne für Vergnügen, die nur kurze Augenblicke währen. Wenn wir das Leben zur Selbsterkenntnis nutzen, können wir für immer in Glückseligkeit leben.

✖

Die Sinnenwelt vermag uns niemals wirkliche Befriedigung zu vermitteln. Denkt nicht, dass ihr erst die materielle Welt genießen und Gott später suchen könnt! Die Sinne werden niemals genug haben. Verlangen hört nicht so leicht auf. Nur wer alle Wünsche abgelegt hat, ist vollendet. Übergebt alles Gott und handelt aus diesem Bewusstsein heraus.

✖

Wer mit vollkommener Aufmerksamkeit voranschreitet, wächst über alles Leid hinaus und erreicht ewige Glückseligkeit. Wer das Unendliche erkannt und die Wahrheit verwirklicht hat, leidet nicht – sondern erfährt nur Glückseligkeit. Leiden erwächst aus der Identifikation mit dem Körper. Wenn man hingegen denselben Körper als das Instrument betrachtet, das man benutzt, um ewige Glückseligkeit zu erreichen, dann gibt es keinerlei Schwierigkeiten.

✳

Wenn man an der Einstellung festhält, nach Liebe nur in der äußeren Welt zu suchen, ist es unmöglich, den göttlichen Wesenskern in sich selbst zu finden. Nur wenn man diesen verwirklicht, ist wahre Zufriedenheit möglich.

✳

Ruft mit aller Intensität nach Gott, nur dadurch richtet sich der Geist ausschließlich auf das Eine. Nichts ist möglich ohne Hingabe an Gott. Ein wahrer Gläubiger sehnt sich nicht einmal nach Befreiung. Hingabe steht noch über Befreiung. Durch liebende Hingabe erfährt man ständig die Beglückung der eigenen Liebe zu Gott. Wofür braucht man dann noch Befreiung? Wer Gott liebt befindet sich ununterbrochen in Glückseligkeit, während er in dieser Welt weilt; warum sollte er dann an eine andere denken?

✳

Tränen der Hingabe fließen nicht aus Kummer, sondern sind ein Zeichen innerer Seligkeit. Diese Art der Tränen strömen, wenn die individuelle Seele in das höchste geistige Sein eingeht. Die Tränen bezeichnen also einen Augenblick der Einheit mit Gott. Wer uns dabei zuschaut, mag es vielleicht als Kummer auslegen. Für uns jedoch ist es Seligkeit. Aber man braucht kreative Vorstellungskraft, um diesen Zustand erreichen zu können.

Ein spirituell Suchender sollte die gleiche Haltung Gott gegenüber haben wie ein Liebhaber gegenüber seiner Geliebten. Die Liebe sollte so stark sein, dass er die Trennung von Gott nicht ertragen kann, nicht einmal für einen Augenblick. Wenn ein Liebender seine Geliebte zuletzt in Blau gekleidet gesehen hat, dann wird ihn auch nur das kleinste bisschen Blau irgendwo an sie und ihr Aussehen erinnern. Beim Essen und selbst beim Schlafen ist er im Geiste ganz bei ihr. Wenn er am Morgen aufsteht, seine Zähne putzt und seinen Kaffee trinkt, fragt er sich, was sie wohl gerade macht. Dieserart sollte unsere Liebe für Gott sein. Wir sollten an nichts anderes denken können, als an unsere verehrte Gottheit. Selbst eine bittere Melone, verliert ihren bitteren Geschmack und wird süß, wenn man sie eine Weile in Zucker legt. Ähnlich wird eine negative Geisteshaltung durch Hingabe und indem man ununterbrochen an Gott denkt, gereinigt.

✳

Heutzutage beten die Menschen nur dann zu Gott, wenn sie Probleme haben. Wenn ihr in Zeiten der Freude als auch der Traurigkeit zu Gott betet, werdet ihr nicht länger leiden müssen. Selbst wenn etwas Leid kommt, wird man es nicht so empfinden.

✳

Man sollte anderen Menschen gegenüber keine Erwartungen haben, das wird uns nur Leid bringen. Bei Gott allein sollte Zuflucht gesucht werden. Er wird uns schenken, was wir benötigen. Wo es ernsthafte spirituelle Sucher gibt, da herrscht keinerlei Mangel, alles kommt automatisch, wenn es gebraucht wird. Wer sein Leben in Gottes Hände gibt, muss sich keine Sorgen machen.

❋

Wenn wir Gott zu einem Bestandteil unseres Lebens machen, wird es gesegnet und wirkt segnend auf das Leben anderer. Wir beginnen dann, Frieden und Zufriedenheit zu erfahren. Gott ist wie ein klarer Fluss. Indem wir eine Beziehung mit Gott kultivieren, wird unser Bewusstsein immer weiter, bis es schließlich die ganze Welt umfasst. Auf diese Weise kommen wir Gott näher.

❋

Wie sollte man Gott erreichen können, ohne die Geisteskraft zu entwickeln, alles zu transzendieren? Niemand erreicht Selbstverwirklichung, ohne zu lernen, das höchste Selbst in allen zu sehen.

❋

Verwirklichst du Gott, so erschließt sich dir das ganze Universum. Deshalb nutze dafür alle dir zur Verfügung stehende Zeit. Gedanken an irgendetwas anderes sind nutzlos.

❋

Je mehr die Liebe für das Ewige wächst, desto stärker wird der Drang zur Erkenntnis des Ewigen. Aus dieser Liebe entwickelt sich echter Verzicht. Ohne Liebe kann diese Selbstbeherrschung nicht entstehen. Einschränkung ohne Liebe ist niemals von Dauer, da man ermüdet und zum ursprünglichen Zustand zurückkehrt.

❋

Glück wird aus höchster Liebe geboren. Was man braucht, um das Selbst bzw. Gott zu verwirklichen, ist Liebe. Durch Liebe allein erfährt man völlige Loslösung. Um echtes Glück zu erfahren, ist es jedoch unzureichend, den illusionären Dingen der Welt mit Loslösung zu entsagen; darüber hinaus sollte die Wirklichkeit durch Liebe erreicht werden. Das ist der Weg zur ewigen Seligkeit.

※

Unsere Gedanken sollten bei Gott sein, und all unser Tun sollte Gottesverehrung sein. Wir sollten unsere geliebte Gottheit in allen Menschen sehen und ihnen Liebe und Hilfsbereitschaft zuteil werden lassen. Wir sollten uns Gott von ganzem Herzen überantworten. Nur dann können wir behaupten, über wirkliche Liebe zu Gott zu verfügen.

SELBSTLOSES DIENEN

Wirkliche Liebe und Hingabe zu Gott bedeutet, Mitgefühl mit den Armen und Leidenden zu haben. Gebt den Hungrigen zu essen, helft den Notleidenden, tröstet die Traurigen, erleichtert das Los der Bedürftigen – seid allen gegenüber hilfsbereit.

❈

Niemand ist eine isolierte Insel; wir sind alle Glieder in der großen Kette des Lebens. Genauso wie die rechte Hand der linken hilft, wenn sie verletzt ist, sollte in uns die Fähigkeit erwachen, das Leiden aller Wesen als unser eigenes zu fühlen, sowie ein intensives Verlangen, uns darum kümmern zu wollen.

❈

Gold ist so schön und wertvoll. Stellt euch jedoch einmal vor, um wie vieles größer sein Wert und seine Anziehungskraft wären, wenn Gold duften würde! Meditation und spirituelle Übungen sind in der Tat sehr wertvoll. Aber wenn wir neben Meditation und Gottesverehrung auch Eigenschaften wie Liebe, Mitgefühl und Interesse am Wohlergehen unserer Mitmenschen entwickeln, so entspricht das duftendem Gold – es ist etwas unglaublich Besonderes und Einmaliges.

Nur wer für das Wohlergehen anderer betet, selbst wenn diese ihm Leid zufügen, kann als wirklich spirituell bezeichnet werden.

Meditation und spirituelle Übungen beinhalten nicht einfach nur, in Lotosstellung mit geschlossenen Augen dazusitzen, sondern auch, leidenden Menschen selbstlos zu dienen, die Bekümmerten zu trösten, jemanden anzulächeln und ein paar liebevolle Worte zu sagen.

❋

Wenn du ein gutes Herz hast und deine eigenen Interessen hinter die der anderen stellst, kannst du Frieden und Glück erfahren. Aber damit das eintritt, musst du von der Selbstsucht loslassen und dem Pfad der Selbstlosigkeit folgen.

❋

Sowohl selbstloses Handeln als auch Meditation sind notwendig. Lediglich Buße zu tun genügt nicht, ihr müsst auch handeln. Um bestimmte Umstände zu überwinden, ist Handeln angezeigt. Wir sollten dabei fähig sein, uns beständig an Gott zu erinnern, ganz gleich, was wir tun, und nicht nur dann, wenn wir uns zum Meditieren hinsetzen. Außerdem wird sich unser Wesen durch selbstloses Handeln klären, was wiederum der Meditation zugute kommt. Handeln ist ebenfalls wichtig, um den Fortschritt zu prüfen, den wir in der Meditation erreicht haben. Auf der anderen Seite ist ohne Meditation kein selbstloses Tun möglich. Den Handlungen einer Person, die sich in Askese und spiritueller Disziplin übt, wohnt eine besondere Kraft inne, die allen zugute kommt.

Wenn wir in der Welt arbeiten, dann sollten wir den Menschen dienen und das Göttliche in ihnen sehen. Dadurch werden wir demütig und respektvoll. Alles wird entwertet, wenn wir anfangen das Gefühl zu haben: »Ich erweise der Welt einen Dienst!« Diese Haltung hat nichts mit Dienen zu tun. Wirkliches Dienen bedeutet, dass unsere Worte, unser Lächeln und unsere Handlungen von Liebe und der Haltung »Ich bin nichts« begleitet sind.

※

Wenn ein Samenkorn zu einem großen Baum gedeihen soll, so muss es zunächst unter die Erde. Nur durch Einfachheit und Demut können wir spirituell wachsen. Stolz und Egoismus zerstören uns. Seid liebenswürdig und mitfühlend, zusammen mit der Haltung, der Diener aller zu sein. Dann wird sich das ganze Universum vor euch verneigen.

※

Lebe jeden Augenblick mit wacher Aufmerksamkeit. Nimm deine Mahlzeit erst zu dir, nachdem du den göttlichen Namen gesungen hast, begleitet von folgendem Gebet: »Oh Herr, haben alle anderen zu essen gehabt? Haben alle, was sie brauchen? Bitte segne jeden, auf dass sie alles, was sie brauchen, erhalten.« Wir sollten Mitgefühl für diejenigen empfinden, die es schwer haben. Dann werden wir innerlich rein. Unser Mitgefühl wird uns Gott nahe bringen.

※

Man sollte beten: »Oh Herr, zahllose Menschen leiden, gib mir die Kraft, sie zu lieben! Verleih mir die Fähigkeit, sie selbstlos zu lieben!«

Dieses Ziel sollte ein spiritueller Mensch haben. Verzicht sollte ausgeführt werden, um die Stärke zu entwickeln, andere zu retten. Ein wirklicher Verzichtender gleicht einem Räucherstäbchen, das sich selbst verbrennen lässt, um anderen seinen Duft zu schenken. Ein spiritueller Mensch findet Freude daran, zu jedem liebenswürdig und mitfühlend zu sein, selbst den Gegnern gegenüber. Er ist wie ein Baum, der selbst denen Schatten schenkt, die dabei sind, ihn zu fällen.

⁕

Echtes Gebet beinhaltet Mitgefühl und Demut anderen gegenüber, jemandem zuzulächeln und ein freundliches Wort zu sprechen. Wir sollten lernen, die Fehler anderer zu vergeben und tiefes Mitgefühl zu hegen – so wie unsere eine Hand automatisch die andere hält, wenn sie schmerzt. Durch die Entwicklung von Liebe, Verständnis und Weitherzigkeit können wir den Schmerz so vieler Menschen lindern! Unsere Selbstlosigkeit wird es uns außerdem ermöglichen, inneren Frieden und Freude zu genießen.

⁕

Auf dem spirituellen Pfad sollte es unser Ziel sein, Mitgefühl mit den Kranken, Armen oder Leidenden zu haben und ein Leben selbstlosen Dienens zu führen, das dem Wohlergehen anderer gewidmet ist. Ein spiritueller Mensch sollte voller Sympathie für die Leidenden dieser Welt sein. Sein Leben darf nicht auf eigene Bequemlichkeit ausgerichtet sein. Gleichzeitig sollte innere Stärke gewonnen werden durch ununterbrochenes Gebet: »Oh Herr, wo bist du? Wo bist du?«

Nur Gott liebt uns selbstlos. Und nur durch Liebe zu Ihm können wir andere selbstlos lieben und ihnen dienen. Nur Gottes Welt ist frei von Egoismus. Wir sollten all unsere Liebe und Anhänglichkeit nur auf Ihn richten. Dann verzweifeln wir nicht, wenn wir im Stich gelassen werden oder uns jemand etwas antut. Haltet an Gott fest. Er ist alles, was man braucht.

✺

Ein Mensch, der kein Mitgefühl für das Leiden anderer hat, ist nicht spirituell. So jemand kann Gott niemals erfahren.

Es nützt nichts, den Intellekt mit Wissen voll zu stopfen – es ist notwendig, liebevoll und mitfühlend zu werden. Mit dem Verstand muss sich auch das Herz weiten. Das ist der Zweck der spirituellen Praxis. Niemand kann das Selbst erfahren, bevor das Herz voller Mitgefühl ist.

✺

Es ist etwas anderes, ob man Medizin für die Wunde an der eigenen Hand oder für die Schmerzen von jemand anderem besorgt. Letzteres zeigt ein liebendes Herz. Das braucht ein spirituell Suchender; dazu sind spirituelle Übungen gedacht. Die spirituelle Praxis sollte nicht nur für die eigene Befreiung ausgeführt werden, sondern damit man liebevoll, mitfühlend und verständnisvoll genug wird, um Leid in der Welt zu lindern. Es führt zu nichts, irgendwo mit geschlossenen Augen zu sitzen und sonst nichts zu tun. Unser Herz muss so weit werden, dass wir das Leid der Welt als unser eigenes empfinden und etwas unternehmen, um es zu erleichtern.

Wir sollten darauf achten, dass alle unsere Handlungen für andere von Nutzen und ihrem Wohl förderlich sind. Wenn das nicht möglich ist, sollten wir zumindest darauf achten, dass unser Verhalten anderen keinen Kummer oder keine Störung verursacht. Es ist wahres Gebet, Gott darum zu bitten, dass keiner unserer Gedanken, Worte oder Taten jemals anderen Schaden zufügt, sondern hilfreich für andere sind. Wir sollten gewillt sein, für den Fortschritt anderer zu beten – statt für unseren eigenen. Solch selbstlose Liebe zu entwickeln ist der größte Fortschritt, den wir machen können. Wahrer Gottesdienst besteht darin, die Leiden anderer als die eigenen anzusehen und sich über das Glück anderer zu freuen. Wahre Gläubige sehen sich selbst in anderen. Ihre Welt ist eine des Friedens und der Zufriedenheit.

※

Der selbstlose Dienst eines spirituellen Menschen ist gleichzeitig seine spirituelle Praxis. Sein Ziel besteht in der Freiheit von allen Bindungen. Er sehnt sich einzig nach vollständiger Freiheit. Er dient anderen, um sich innerlich zu reinigen und Loslösung zu erlangen, damit er das höchste Ziel erreichen kann. Wer Gott liebt und sich an ihn übergeben hat, kann jede Handlung auch ohne ein Gefühl von ›mein‹ bestens ausführen. Sich zu bemühen und dann die Ergebnisse Gottes Willen zu überlassen – das sollte unsere Verhaltensweise sein. Ohne innere Losgelöstheit bewirkt sogar der Dienst an anderen Bindung.

※

Nur jemand mit Gottvertrauen kann anderen wirklich selbstlos helfen. Wenn ein Mensch ohne religiösen Glauben fähig ist, anderen selbstlos zu dienen und ihre Fehler und Schwächen zu vergeben, dann spielt der Glaube keine Rolle. Wer anderen ohne persönliches Interesse beistehen kann, ohne an Gott zu glauben, verdient unseren tiefsten Respekt.

※

Die größte Liebe liegt darin, anderen selbstlos zu dienen. Echte Liebe bedeutet völlige Abwesenheit irgendwelcher negativer Gefühle irgendjemand gegenüber. Durch die Entfernung solch negativer Gefühle wird die Liebe, die immer in dir wohnt, aufleuchten. Dann gibt es keine Unterscheidungen mehr, kein Gefühl des Andersseins. Hast du beobachtet, wie Menschen, die sich gestern liebten, einander heute verachten? Das bedeutet, dass es sich nicht um wahre Liebe handelte. Wo Anhaftung vorhanden ist, gibt es auch Wut. Unser Ziel ist es, von beidem frei zu werden. Dann ist die Liebe echt.

※

Vergeudet keine einzige Gelegenheit, denjenigen zu dienen, die Gott verehren. Es mag sein, dass eure Hilfe nicht immer angenommen wird, so wie ihr euch das vorgestellt habt. Dennoch ist der Dienst, den ihr anderen Menschen gegenüber leistet, wahrer Gottesdienst.

SPIRITUELLE PRAXIS

Meditation ist konstantes, auf Gott ausgerichtetes Denken, das wie das Fließen eines Flusses ist. Du erreichst diesen Zustand in der Meditation nur durch ungeteilte, auf einen Punkt ausgerichtete Konzentration. Am Anfang solltest du den Verstand reinigen. Stärke seine Konzentration und kläre ihn durch das Wiederholen der Namen Gottes und hingebungsvolle Gesänge; dann übe dich im Meditieren.

❁

Das Ziel der spirituellen Übungen ist, das Gemüt zu beruhigen, welches aus Gedanken und Wünschen besteht. Das Selbst ist jenseits davon. Um das Selbst zu erkennen, sollte das Gemüt beruhigt werden. Erinnert euch bei jeder Handlung des Selbst, eurer wahren Natur. Meditiert ein wenig, bevor ihr zu Bett geht und nach dem Aufwachen. Legt euch nicht hin, um zu schlafen, sondern um aufzuwachen. Spirituelle Verwirklichung ist nicht ohne ein gewisses Maß an Anstrengung möglich. Wir sind nicht von Geburt an in einem Zustand der Vollkommenheit. Wir sollten uns durch Handlungen weiterentwickeln.

Um dich an Gott zu erinnern, musst du vergessen. Wirklich auf Gott konzentriert zu sein heißt, gänzlich und vollständig im gegenwärtigen Augenblick zu sein, Vergangenheit und Zukunft zu vergessen. Das allein ist wahres Gebet. Diese Art des Vergessens wird dir helfen, den sprunghaften Verstand zu beruhigen, und damit wird es dir leichter fallen, das Glück der Meditation zu erfahren.

※

Bei deinen spirituellen Übungen gereicht dir der Glaube weit mehr zur Hilfe als der Intellekt. Um meditieren zu können, musst du gänzlich daran glauben, was du tust. Während du irgendeine Form spiritueller Praxis ausübst, musst du alle Zweifel und Fragen beiseite schieben und dich ausschließlich auf deine spirituelle Übung konzentrieren, sonst kannst du spirituell keine Fortschritte machen.

※

Echte Meditation bedeutet das Ende des Leidens. Dies wird einzig vom Verstand und vom Gemüt verursacht, und die Vergangenheit gehört zum Verstand. Nur indem du die Vergangenheit loslässt – und das kann durch die Meditation erreicht werden –, wird es dir möglich, dich im Selbst oder in Gott niederzulassen.

※

Indem du die sehr verbreitete falsche Vorstellung – dass nämlich die Probleme in den äußeren Umständen des Lebens liegen – veränderst, kannst du deine Probleme ein für alle Mal beseitigen. Verstehe, dass sich die Schwierigkeiten in deinem eigenen Verstand befinden. Wird dir dies erst einmal bewusst, dann kannst du damit beginnen, deine inneren Schwächen zu klären und auszuräumen. Meditation ist die gebräuchliche Methode, um das zu erreichen. Nur die durch Meditation gewonnene innere Stille, Ruhe und Entspannung werden dir helfen.

※

Wenn wir die wirkliche Essenz der Welt kennen, dann gehört uns die ganze Welt, und wir können nichts als von uns getrennt ansehen. Nur eine Öllampe, in der sich auch Öl befindet, kann scheinen und dazu genutzt werden, andere Lampen anzuzünden. Nur jemand, der über spirituelle Kräfte verfügt, kann sich selbst und anderen helfen. Dieses Öl der Spiritualität sollte durch spirituelle Übungen erlangt werden.

※

Geduld ist wesentlich, um sich auf dem spirituellen Weg weiterzuentwickeln. Verliert niemals die Geduld. Widmet euch mit großer Aufrichtigkeit der spirituellen Praxis und wartet geduldig. Wenn ihr aufrichtig seid, werden sich die entsprechenden Resultate einstellen.

※

Man muss keinesfalls an Gott glauben, um zu meditieren. Man kann sich einfach vorstellen, mit dem Unendlichen zu verschmelzen, so wie ein Fluss in den Ozean mündet. Diese Methode verhilft uns mit Sicherheit, unsere Anspannung loszulassen.

※

Der Verstand ist eine Ansammlung von Gedanken. Gedanken sind wie die Wellen im Ozean. Eine nach der anderen werden sie immer wieder auftauchen. Man kann die Wellen nicht durch Gewalt stop-

pen. Im tiefen Meer jedoch hört jeder Wellengang auf. Versucht also, euch auf einen Gedanken zu konzentrieren, statt all die Gedanken gewaltsam zu unterdrücken. Dann entsteht in euch größerer Friede. In euch wird es still werden. Auch wenn sich an der Oberfläche manchmal noch kleine Wellen befinden, wird es darunter friedvoll sein.

※

Halte dir immer vor Augen, dass nur Gott wahr und ewig ist. Wiederhole die göttlichen Namen, während du deine Arbeit verrichtest. Dann ist es nicht notwendig, sich Gottes nur zu einer bestimmten Zeit zu erinnern. Dein Sinn wird immer auf Gott ausgerichtet sein.

※

Bei regelmäßiger Ausübung von spirituellen Übungen lassen sich die geistigen und weltlichen Aspekte des Lebens in vollkommener Harmonie miteinander verbinden. Um das zu erreichen, müssen die Handlungen in dem Bewusstsein ausgeführt werden, dass das Ziel des Lebens Befreiung ist.

※

Glaube nicht, dass es dir an geistiger Reinheit zum Beten mangelt, weil du eine Menge Fehler in deinem Leben gemacht hast, oder dass du erst dann beten solltest, wenn dein Geist rein geworden ist. Wenn du erst dann im Meer schwimmen gehen willst, nachdem die Wellen abgeebbt sind, wirst du niemals zum Schwimmen kommen. Du kannst nicht schwimmen lernen, wenn du dich lediglich am Rand des Schwimmbeckens aufhältst. Du musst ins Wasser gehen. Gott ist derjenige, der unseren Geist und unser Gemüt reinigt. Deshalb nehmen wir bei Ihm Zuflucht. Nur durch Ihn können wir gereinigt werden.

※

Wenn ihr euch zum Meditieren hinsetzt, erwartet nicht, dass ihr eure Gedanken sofort beruhigen könnt. Zunächst solltet ihr alle Körperteile entspannen. Lockert eure Kleidung, falls sie euch einengt. Überprüft, ob ihr gerade und mit gestreckter Wirbelsäule dasitzt. Dann schließt eure Augen und konzentriert euch auf die Atmung. Ihr solltet bewusst ein- und ausatmen. Normalerweise atmen wir ein und aus, ohne uns dessen bewusst zu sein, was aber nicht richtig ist. Wir sollten uns des Atemvorgangs bewusst werden. Dann wird auch der Geist wachsam sein.

Wenn ihr eine Weile so dasitzt, werden sich eure Gedanken und Gefühle langsam beruhigen. Ihr könnt die Meditation fortsetzen, indem ihr eure Aufmerksamkeit auf euren Atem richtet, oder ihr könnt anfangen, auf die Form eurer geliebten Gottheit zu meditieren. Wenn die Gedanken umherwandern, solltet ihr erneut versuchen, euch auf die Meditation zu konzentrieren. Ist das nicht möglich, genügt es auch, wenn ihr beobachtet, wohin die Gedanken wandern. Sie sollten ständig beobachtet werden. Dann hören sie auf herumzuwandern und bleiben unter eurer Kontrolle.

※

Man sollte wirkliche Entschlossenheit haben. Nur dann kann sich die spirituelle Praxis vertiefen. Wenn sich jemand fest vorgenommen hat, einen bestimmten Ort zu erreichen, kann ihn nichts von seinem

Ziel abhalten. Verpasst er den Bus, so wird er ein Taxi nehmen. Wenn es ihm aber an Interesse mangelt, wird er vielleicht wieder nach Hause gehen und sich vornehmen, es am nächsten Tag erneut zu versuchen. Ohne intensive spirituelle Übungen ist es sehr schwierig, das Ziel zu erreichen.

Du musst zunächst das Land vorbereiten, das Gras und das Unkraut beseitigen, bevor du einen Samen aussäen kannst. Ansonsten fällt es dem Samen schwer zu sprießen. Auf die gleiche Weise können wir uns nur an der Glückseligkeit des Selbst erfreuen, wenn wir Verstand und Gemüt von den äußeren Dingen frei machen und uns allein auf Gott ausrichten.

✳

Mit spirituellen Übungen ist nicht gemeint, einfach irgendwo mit geschlossenen Augen herumzusitzen. Wir müssen beständig das Ziel vor Augen haben und uns unaufhörlich anstrengen. Vor allen Dingen ist ein reines Herz wichtig. Ist unser Herz erst einmal rein, dann ist es leicht, Gottes Gnade zu erhalten.

✳

Wer ist schon fähig, den ganzen Tag zu meditieren? Wenn wir eine Stunde lang sitzen, können wir dann auch nur fünf Minuten Konzentration erreichen? Aus diesem Grund müssen wir, nachdem wir meditiert haben, für die Verbesserung der Welt arbeiten. Man sollte im Namen der Meditation nicht eindösen und der Welt eine Last werden. Wir wurden geboren, und jetzt sollten wir der Welt nützen, bevor wir sie wieder verlassen. Wenn jemand 24 Stunden am Tag

meditieren kann, soll er es tun. Es ist jedoch keine Meditation, wenn der Geist zu tausend anderen Plätzen wandert. Der Geist muss auf Gott ausgerichtet sein, nur das ist Meditation. Wenn du während deiner Arbeit an Gott denkst und dein Mantra wiederholst, ist auch das Meditation. Meditation ist nicht bloß Stillsitzen.

Versucht beim Meditieren nicht, eure Gedanken und Gefühle mit Gewalt zu beruhigen. Die Folge wäre, dass die Gedanken mit dem Zehnfachen ihrer ursprünglichen Kraft hochkämen, so, als würde man eine Feder herunterdrücken. Versucht herauszufinden, woher die Gedanken kommen, und beherrscht sie durch die Kenntnis ihres Ursprungs. Unterdrückt sie nicht! Wenn irgendein Teil eures Körpers angespannt ist oder schmerzt, werden die Gedanken dorthin wandern. Entspannt also euren ganzen Körper und beobachtet eure Gedanken mit großer Wachsamkeit. Dann wird sich euer Gemüt beruhigen.

Hängt nicht euren Gedanken nach. Ansonsten wird nur euer Körper hier sein. Eure Gedanken sind dann ganz woanders. Habt ihr nicht schon Autos gesehen, die auf einer staubigen Straße fahren? Sie wirbeln im Vorbeifahren sehr viel Staub auf, und ihr könnt überhaupt nichts mehr erkennen. Wenn ihr einem solchen Auto dicht folgt, dann werdet ihr ebenfalls in Staub eingehüllt sein. Selbst wenn ihr am Straßenrand steht, werdet ihr von Staub bedeckt. Deshalb müsst ihr, wenn ihr ein Auto kommen seht, Abstand halten. Genauso sollten wir Beobachter unserer Gedanken sein. Wenn wir die Distanz verlieren, werden sie uns einfach mit sich ziehen. Bleiben wir aber

Zeuge, dann können wir sehen, wie sich der Staub wieder setzt und der Friede zurückkehrt.

✳

Sich der spirituellen Praxis zu widmen bedeutet nicht, müßig zu sein. Ihr solltet Mitgefühl empfinden, wenn ihr seht, wie sich ein anderer abmüht. Ihr solltet den Drang haben zu helfen. Zweck der spirituellen Übungen ist, dass sich das Gemüt mit Mitgefühl füllt. Wir besitzen alles, wenn wir dies erreicht haben.

✳

Der Verlust unseres inneren Gleichgewichts kann nur durch eine selbstlose Einstellung anderen Menschen gegenüber wiedererlangt werden, wenn diese durch Gebet, Meditation und das Singen der Namen Gottes gestärkt wird. Als Erstes sollte das Gemüt der Menschen wieder ins Lot kommen, dann wird sich die Harmonie der Natur von ganz alleine einstellen. Wo Konzentration vorhanden ist, herrscht Harmonie.

✳

Spirituelles Wachstum ist evolutionär und nicht revolutionär. In ihrer Ungeduld neigen die Menschen dazu, revolutionär zu sein. Aber Revolution ist immer destruktiv. Unglücklicherweise verlangen die Leute in der modernen Zeit nach spiritueller Erleuchtung auf die schnellstmögliche Art. Augenblickliche Erleuchtung – das ist es, was sie fordern. Könnt ihr euch eine Mutter vorstellen, die zu ihrem Baby sagt: »Ich will, dass du genau jetzt erwachsen wirst! Warum bleibst du so lange ein Kind? Beeile dich, ich habe keine Zeit zu warten!«

Was würdet ihr von so einer Mutter anderes denken, als dass sie entweder extrem dumm ist oder spinnt? Die Leute erwarten, dass ein Wunder geschieht. Sie haben nicht die Geduld, zu warten oder sich irgendwie anzustrengen. Sie begreifen nicht, dass das wirkliche Wunder in der Öffnung des Herzens für die eine Höchste Wahrheit besteht. Dieses innere Erblühen aber ist immer langsam und stetig. In der Natur ist alles evolutionär. Gott ist sehr sorgfältig und sehr geduldig, selbst beim Aufblühen einer Blume – und die Öffnung einer Blume ist ein Wunder. Es dauert neun Monate, ehe ein Kind so weit ist, geboren zu werden, und diese Geburt ist ein Wunder. Gott ist nie in Eile. Er ist evolutionär. Wirkliches Wachstum wird nur geschehen, wenn ihr evolutionär seid.

❋

Wenn ihr einen Baum betrachtet, werdet ihr feststellen, dass die Früchte nicht wachsen können, solange die Blüten nicht erblüht und abgefallen sind. Auf dem spirituellen Pfad ist das Wissen vom Selbst die letzte, eigentliche Frucht. Um diese Frucht pflücken zu können, müssen zuerst die Blüten unserer Handlungen aufblühen und abfallen.

❋

Das Selbst ist nicht nur in euch, sondern durchdringt alles im Universum. Wir können die Ebene der Selbstverwirklichung nur erreichen, wenn wir erkennen, dass alles ein und dasselbe ist. Der erste Schritt ist, ständig an Gott zu denken und zu versuchen, jeden und alles zu lieben, was auch die belebte und die unbelebte Natur einschließen sollte.

Wenn du dich Gottes erinnerst oder wenn du deine spirituelle Praxis nur eine Sekunde durchführst, kann das nie vergeudet sein. Der erworbene Verdienst wird in dir bleiben und automatisch emporkommen, gleich einem ungekeimten Samen, der noch frisch und lebendig ist. Wenn du Gott mit echtem Glauben und Gottergebung nur eine Sekunde lang angerufen hast, wird das belohnt werden. Diese Augenblicke, in denen du dich an Gott erinnert hast, werden in dir bleiben, und deine Gedanken werden sich zur rechten Zeit manifestieren.

※

In Wirklichkeit gibt es keine Sünder, denn der Zustand der Erleuchtung versteckt sich in jedem menschlichen Wesen, selbst im größten ›Sünder‹, und wartet nur auf den richtigen Moment, um sich zu zeigen. So ist keiner wirklich ein Sünder. Es gibt nur das Göttliche.

※

Wir sind vielleicht musikalisch begabt, doch nur, wenn wir regelmäßig üben, kann unser Gesang die Zuhörer erfreuen. Was wir in uns haben, müssen wir zum Ausdruck bringen und in Erfahrung umsetzen. Es hat keinen Sinn, einfach nur zu behaupten: »Alles ist in mir.« Permanente Bemühung ist auf jeden Fall notwendig.

※

Es ist nicht nötig, den Glauben zu verlieren oder enttäuscht zu sein. Die spirituelle Energie, die ihr durch eure spirituelle Praxis erlangt habt, bleibt euch erhalten. Weder können eure Anstrengungen noch die Früchte eurer Taten vernichtet werden. Falls ihr nur eine Sekun-

de spirituelle Übungen praktiziert habt, so wird der Verdienst immer vorhanden bleiben – und jetzt müsst ihr einfach nur den Rest tun. Gebt also nie die Hoffnung auf. Verliert nicht euren Glauben oder eure Begeisterung.

※

Wir können in unserem Körper unendliche Glückseligkeit erfahren, indem wir durch eine richtig ausgeübte spirituelle Praxis auf unseren Geist einwirken und unser Leben gemäß den Lehren von Heiligen führen. Wir brauchen nichts weiter zu tun, als einer spirituellen Praxis nachzugehen und selbstloses Dienen zu praktizieren.

※

Durch beständige spirituelle Übungen ist es möglich, Glückseligkeit in diesem Leben zu erfahren. Wer echte Liebe für Gott entfaltet, dessen Aufmerksamkeit zieht sich von physischem Vergnügen zurück, dessen Wünsche nehmen ab, was automatisch zu innerem Frieden führt. Begehren bedeutet Kummer und Leid. Wo Feuer ist, ist auch Rauch, und wo es Verlangen nach etwas gibt, gibt es auch Leid. Allerdings ist es unmöglich, ganz ohne Wünsche zu leben. Deshalb lasst uns diese auf Gott richten.

※

Ohne das beschränkte menschliche Bewusstsein gibt es keine Welt. Solange es vorhanden ist, existieren Namen und Formen. Sobald es verschwunden ist, hört die konkrete Welt auf zu sein. Wer diesen Zustand erreicht hat, braucht nicht mehr zu beten oder ein Mantra zu wiederholen. Schlafen oder Wachen gibt es nicht mehr: Man hat kein Bewusstsein einer gegenständlichen Existenz – es gibt nur vollkommene Stille, Glückseligkeit und Frieden.

✺

Spirituelle Seligkeit kann nicht durch den Intellekt erfahren werden. Hierzu wird das Herz benötigt. Der Intellekt zerschneidet Dinge wie eine Schere. Das Herz jedoch näht sie zusammen wie eine Nadel. Das soll nicht heißen, dass der Verstand überflüssig ist: wir benötigen Herz als auch Verstand. Wie die zwei Flügel eines Vogels hat beides seinen Platz. Wenn der Damm eines Flusses zu brechen und das ganze Dorf zu überfluten droht, muss sehr schnell eine Lösung gefunden werden. In solchen Situationen sind der Verstand und Stärke vonnöten. Manche Menschen brechen selbst angesichts kleiner Probleme zusammen und weinen. Es sollte uns möglich sein, jedem Hindernis ohne Schwäche entgegenzutreten. Es ist wichtig, unsere innere Stärke zu entdecken. Das geschieht durch spirituelle Übungen.

✺

Wir müssen die angesammelten Gewohnheiten ablegen. Es ist schwierig, sich aller auf einmal zu entledigen. Ständige Übung ist notwendig. Wir sollten die göttlichen Namen ununterbrochen singen – beim Sitzen, Essen, Gehen und Liegen. Indem wir diese wiederholen und uns die göttliche Gestalt vorstellen, schwinden unsere äußeren Gedanken, und wir erreichen innere Reinheit.

✺

Spirituelles Leben erfordert sehr viel Disziplin und Selbstbeherrschung. Ohne diese kannst du schwerlich von der spirituellen Praxis profitieren. Alle Kraft, die durch Konzentration gewonnen wurde, geht aufgrund von Ablenkungen wieder verloren. Wenn du die Einheit in der Vielheit erkennst, geht nicht so viel Energie verloren. Gelingt es dir, in allem die göttliche Essenz wahrzunehmen, wirst du deine spirituelle Kraft nicht verlieren.

⚔

Du ziehst keinen wirklichen Nutzen aus deiner spirituellen Praxis, wenn bei deinen Übungen gleichzeitig Wut und Stolz in dir sind. Es ist, als würde man Zucker auf die eine Seite tun und auf die andere Ameisen: diese werden den Zucker fressen. Und man ist sich dessen nicht einmal bewusst! Was man durch spirituelle Praxis gewonnen hat, verliert man durch Wut wieder. In gleicher Weise verlierst du bei aufsteigender Wut Energie durch deine Augen, Nase, Mund, Ohren und jede Pore deines Körpers. Nur wenn du mentale Selbstbeherrschung lernst, kannst du die durch spirituelle Übungen gewonnene Energie bewahren.

⚔

Für diejenigen, die eine spirituelle Praxis mit dem intensiven Wunsch ausüben, Energie zu bewahren und das Selbst zu verwirklichen, ist anfänglich Disziplin beim Essen absolut notwendig. So wie ein Genesender auf eine gesunde, geeignete Ernährung achten muss, sollte jemand, der spirituelle Praxis ausübt, Achtsamkeit gegenüber seiner Nahrung walten lassen. Später, wenn man einigen Fortschritt

gemacht hat, sind Einschränkungen in der Ernährung nicht mehr wesentlich.

※

Es bringt nichts, Wasser in einen schmutzigen Eimer zu gießen, weil dann alles Wasser verschmutzt wird. Gleichermaßen kann man nicht vollkommen zu Gott Zuflucht nehmen, bzw. die Früchte der spirituellen Praxis genießen, wenn man dabei das Ego aufrechterhält. Zerstört man das Ich-Gefühl durch Demut, treten die guten Eigenschaften hervor, und die individuelle Seele wird zu Gott erhoben.

Derzeit bist du wie eine kleine Tischlampe, die gerade genügend Licht spendet, um ein Buch zu lesen, wenn man es nahe der Lampe hält. Wenn man jedoch spirituelle Praxis ausübt und das Ego zerstört, erstrahlt man wie eine Sonne.

※

Übst du spirituelle Praxis aus, ohne das Ego auszulöschen, bleibt es fruchtlos. Das Denken an Gott kann nur in einem reinen Geist festen Fuß fassen. Wird spirituelle Praxis selbstlos, d. h. ohne Egogefühle, ausgeübt, erfährt man die Wahrheit, ein göttliches Wesen zu sein.

※

Die erste gute Eigenschaft eines spirituellen Suchers sollte Aufmerksamkeit sein. Jede Arbeit, die du mit Gottes Namen auf den Lippen und in ständigen Gedanken an Gott verrichtest, ist Meditation.

※

Seid nicht entmutigt, wenn all eure Bemühungen zunächst keine Resultate zeigen. Jedes Singen des göttlichen Namens hat eine Wirkung, ihr seid euch dessen nur nicht bewusst. Auch wenn ihr keine volle Konzentration erreicht, profitiert ihr trotzdem von regelmäßiger Meditation. Durch konstantes Wiederholen der Namen Gottes verschwinden eure inneren Unreinheiten unmerklich, und eure Konzentration während der Meditation nimmt zu.

⚹

Es gilt, eine entsprechende Verbindung zu Gott aufzubauen. Darin liegt der Sinn des Wiederholens der göttlichen Namen, der Meditation und spiritueller Begegnungen. Es bedarf jedoch der ständigen Bemühung. Ganz egal, was ihr denkt oder seht, ihr werdet dann ständig das Göttliche im Bewusstsein bewahren. Es wird für euch dann keine von Gott getrennte Welt mehr geben.

⚹

Am Anfang muss der spirituelle Aspirant bestimmte Regeln annehmen, aber spirituelle Praktiken sollten nicht nur als Pflicht angesehen werden. Man sollte unter Tränen zu Gott flehen und beten. Nur nach Gott allein sollten wir rufen und weinen und nach nichts anderem.

⚹

Das Wiederholen des göttlichen Namens hat zum Ziel, uns zur höchsten Stille des Selbst zu führen, von dem alle Töne und Formen ausgehen. Wird das Wiederholen der Namen Gottes mit dem richtigen Verständnis dieses Prinzips ausgeführt, wird es uns schließlich zur Quelle leiten. Dann verwirklicht der Sucher den göttlichen Aspekt, über den er meditiert hat, als auch alle anderen Aspekte, die ihm innewohnen und Manifestationen des einen Selbst sind.

Wir verunreinigen unseren Geist durch die vielen verschiedenen Gedanken, die ständig auftauchen. Meditation richtet alle Gedanken auf ein Thema.

Obwohl wir in Wirklichkeit Wesen mit göttlichem Bewusstsein sind, tragen wir andererseits durch unsere Bindung an die grobe materielle Welt ›unreine‹ Gewohnheiten und Tendenzen in uns. Wir müssen unseren Geist durch Unterscheidung zwischen dem Ewigen und dem Vorübergehenden und durch Meditation klären. Durch die reinigende Wirkung der Meditation werden wir stark.

❈

Die meisten beginnen auf dem spirituellen Weg mit einem Ansturm von Enthusiasmus. Viele von ihnen spüren zunächst etwas Loslösung. Erfolg jedoch tritt nur ein, wenn sie aufrechterhalten werden kann. Sobald die anfängliche Begeisterung abklingt, zeigen sich nach und nach die latenten Gewohnheiten zahlloser vergangener Leben. Dann richtet der spirituelle Sucher seine Aufmerksamkeit auf äußere Dinge. Intensive Bemühungen und große Opfer sind notwendig, um die verborgenen Gewohnheiten zu überwinden. Die meisten verlieren den Mut, wenn ihnen mehr Schwierigkeiten als erwartet begegnen.

❈

Hat ein Boot ein Leck, reicht es nicht, dazusitzen und Gott um die Reparatur des Loches zu bitten. Beim Beten sollst du dich ebenfalls bemühen, das ›Loch‹ zu stopfen. Man muss sich selbst anstrengen und gleichzeitig um Gottes Gnade bitten.

Selbstverwirklichung ist aufgrund der angesammelten negativen Tendenzen nicht so leicht zu erreichen. Nicht nur mit der Last dieses Lebens sind wir hierher gekommen, sondern auch mit dem, was wir in Vorleben angesammelt haben. Es ist unmöglich, das Selbst zu verwirklichen, indem man einfach nur ein oder zwei Jahre mit geschlossenen Augen dasitzt. So schnell geht die innere Reinigung nicht vonstatten.

Zunächst muss man die Gedanken und Gefühle klären. Während man sich darum bemüht, sollte man alles in Gottes Hände legen.

✳

Mit absoluter Konzentration zu beten würde ausreichen. Jedoch nur wenige Menschen können unablässig beten. Auch mangelt es ihnen meist an Konzentration dabei. Deshalb verwenden wir andere Methoden wie das Wiederholen der Namen Gottes, Meditation und hingebungsvolles Singen. Auf diese Weise erhalten wir die Erinnerung an Gott kontinuierlich in uns lebendig.

✳

Die durch Meditation gewonnenen Eigenschaften sollten in den Handlungen offenbar werden. Es ist kein Zeichen wahrer Spiritualität, wenn man Frieden nur in der Meditation erfährt und nicht zu anderen Zeiten. Jede Handlung sollte als eine Art der Meditation gesehen werden können. Dann wird jede Tätigkeit zu wahrer Meditation.

DHARMA – DIE GÖTTLICHE ORDNUNG

Glaube an dich selbst. Versuche zu erkennen, wer du bist, das genügt.

✳

Ein Vogel sitzt auf dem trockenen Ast eines Baumes und pickt an einer Frucht, die er irgendwo gefunden hat. Er weiß, dass der Ast jeden Moment abbrechen könnte. Deshalb ist er sehr wachsam, während er auf dem Zweig sitzt. Ihr solltet verstehen, dass es in dieser Welt genauso ist. Alles kann jeden Augenblick verloren gehen. Haltet euch immer an der Wahrheit fest, dass nur Gott ewig ist. Dann gibt es keinen Grund für Kummer.

✳

Wir können sehr viel von der Natur lernen, wenn wir beobachten, wie leicht sie mit jeglichen Hindernissen fertig wird. Liegt z. B. ein Stein im Weg einer kleinen Ameise, so krabbelt sie einfach darüber oder drum herum und setzt ihren Weg fort. Oder wenn sich ein Stein in der Erde befindet, in der ein Baum wächst, so wird der Baum schlicht drum herum wachsen. Ebenso fließt auch das Wasser eines Flusses einfach um einen Felsen oder Stamm herum. Auch wir sollten lernen, uns an alle Lebensumstände anzupassen, indem wir dabei fähig werden, Geduld und Lebensfreude walten zu lassen.

Wir sollten lernen, ein friedliches Leben zu führen. Statt Vergnügungen nachzulaufen, sollten wir das Ziel des Lebens kennen und dafür leben. Führt ein einfaches Leben. Gebt anderen, was übrig ist, nachdem eure eigenen Bedürfnisse gestillt sind. Lebt, ohne andere zu verletzen, und lehrt einander diese Prinzipien. Auf diese Art sollten wir zur Erschaffung einer großen Kultur beitragen. Lasst uns gut und rechtschaffen sein. Lasst unsere eigenen Herzen gut werden – das hilft anderen, ebenfalls gut zu werden. Das ist es, was wir brauchen. Wenn wir uns an diese Grundsätze halten, werden wir immer inneren Frieden und Zufriedenheit empfinden, selbst wenn uns äußere Annehmlichkeiten fehlen.

✻

Was sollte man tun, um wirklichen Frieden zu erlangen? Wir sollten die richtige Einstellung und das Unterscheidungsvermögen haben, um zu verstehen, was ewig und was endlich ist. Das ist der einzige Weg. Wir erlangen Frieden einzig durch das Wissen, dass nur Gott ewig ist.

✻

Lebt immer in der Gegenwart und erfüllt eure Aufgabe als Dienst für das Höchste. Vermeidet, euch zu sehr zu binden. Wenn ihr solcherart lebt, werdet ihr von innerem Frieden erfüllt und eines Tages dazu in der Lage sein, alles aufzugeben und euer Leben gänzlich Gott zu widmen.

✻

Denkt immer daran, dass Gott uns vergeben wird, wenn wir anderen ihre Fehler vergeben.

Nutzt jede freie Minute, versucht Konzentration zu erlangen und zu erkennen, wer ihr seid. Vergesst nicht eure wahre Natur.

※

Heutzutage ist es schwierig, seine Arbeit mit Aufrichtigkeit zu verrichten. Wahrheit und *dharma* (Pflicht des Menschen, Rechtschaffenheit) gelten nicht mehr als erstrebenswert. Deshalb kann man an seiner Arbeitsstelle häufig Situationen ausgesetzt sein, die eine echte Herausforderung sind. Wenn man an Wahrheit und Ehrlichkeit festhält, kann man aufgrund der Reaktionen von Kollegen Schwierigkeiten bekommen. Trotzdem, was hat es für einen Sinn, darüber traurig zu sein und sich schlecht zu fühlen? Schenkt dem, was die anderen tun, keine Aufmerksamkeit. Verhaltet euch entsprechend eurem eigenen Gewissen. Gott wird Menschen, die sich so verhalten, nicht verlassen. Wer für seinen persönlichen Vorteil Unrecht tut, ist sich nicht bewusst, welches Leid auf ihn zukommen wird. Er wird jedoch die Konsequenzen seiner Handlungen früher oder später erleben müssen.

※

Erfahrung ist der Lehrer eines jeden Menschen. Leid ist der Lehrer, der euch näher zu Gott führt.

※

Seht in jedem das Gute. Unser Geist wird geschwächt, wenn wir auf die Fehler anderer schauen. Wir steigen jedoch zu einer höheren Ebene auf, wenn wir das Gute in jedem sehen. Befassen wir uns mit der Schattenseite eines Menschen, sinkt unser Niveau. Wir sollten immer beten: »Oh Herr, lass meinen Blick nur das Gute in den anderen sehen. Verleih mir die Kraft, der Welt selbstlos zu dienen.« Nur mit Hilfe einer solchen Haltung der Gottergebenheit können wir inneren Frieden erfahren. Auf diese Weise sollten wir nach und nach zu guten Dienern Gottes werden.

✳

Das Leben kann in zwei Aspekte aufgeteilt werden: Ausführung von Handlungen und Genuss der Früchte der Handlungen. Körper und Verstand sind während des Wachens aktiv. Im Traumzustand ist der Körper untätig, aber die Vorstellungen sind aktiv, weshalb wir träumen. Die Eindrücke im Unterbewusstsein, dem unerfüllten Teil unserer selbst, projizieren sich als Träume. Solange wir Körper, Vorstellungen und Intellekt haben, kommen wir an irgendeiner Art des Tuns nicht vorbei.

Obwohl Handlungen – wegen unserer Verhaftung an ihre Resultate – dazu tendieren, uns zu binden, kann eine Handlung auch als Sprungbrett zur Freiheit vom Handeln dienen.

✳

Wir sollten willens und fähig sein, uns an dem Glück anderer zu erfreuen und Mitgefühl für ihre Sorgen zu haben. Sowie wir das tun, bedeutet es, dass wir uns innerlich weiterentwickeln. In solchen Herzen wohnt Gott gerne. Gottes wirkliche Kinder sind jene, die das Glück und das Leid der anderen als ihr eigenes ansehen.

Man sollte die Überzeugung haben, dass Gott unser einziger wirklicher Freund ist. Ihr solltet wissen, dass letztlich alle anderen Beziehungen und weltlichen Dinge uns nichts als Kummer einbringen.

Seid allein an Gott gebunden. Das bedeutet nicht, dass ihr eure Frau oder euren Mann und eure Kinder verlassen oder wie Fremde betrachten solltet. Kümmert euch sehr gut um sie, aber wisst, dass der einzige immer während Freund, den ihr habt, Gott ist. Alle anderen Freunde werden euch heute oder morgen verlassen: deshalb nehmt immer Zuflucht bei Gott. Stellt ihr euch vor, dass die Schwierigkeiten im Leben zu eurem Besten sind, dann herrschen Frieden und Glückseligkeit in der Familie.

※

Warum machst du dir wegen der vergangenen Fehler Sorgen? Was vergangen ist, ist vorbei. Wenn du dir darüber Sorgen machst, wirst du deine jetzige Stärke verlieren. Treffe hier, in diesem Moment, den festen Entschluss, dass du solche Fehler nicht wieder begehen wirst. Das ist alles, was du tun musst. Dann werden deine guten Taten dich reinigen. Dein Wunsch, nur gute Gedanken zu haben und das Richtige zu tun, zeigt die Reinheit deiner Absicht.

Früher war dir nicht bewusst, dass du falsch handeltest. Und jetzt, da es dir klar wurde, versuchst du, davon Abstand zu nehmen. Das ist genug. Wenn ein kleines Kind mit einem Ball seine Mutter trifft, dann lächelt sie nur. Sie nimmt das Kind hoch und küsst es. Wenn das Kind allerdings älter ist und etwas nach ihr wirft, wird sie nicht so nachsichtig sein. Und so haben wir bis heute viele Dinge falsch gemacht, ohne dass es uns bewusst war. Gott wird uns alles verzeihen. Aber er wird uns jene Fehler nicht verzeihen, die wir wissentlich begehen. Wir sollten uns deshalb bemühen, Fehler nicht zu wiederholen.

Es ist unnötig, über die Art und Weise, wie wir bisher gelebt haben, traurig zu sein. Das bisherige Leben ist wie ein ungültiger Scheck. Wir können es auch vergleichen mit den Fehlern beim Schreiben mit einem Bleistift. Man hat einen Radiergummi und kann die Fehler ausradieren. Allerdings geht es nur ein paar Mal. Wenn du zu oft versuchst, an der gleichen Stelle zu radieren, wird das Papier reißen. Gott verzeiht nur die Fehler, die wir unbewusst begehen. Das schlimmste Vergehen aber ist, etwas wiederholt zu tun, obwohl wir wissen, dass es falsch ist. Das sollten wir unbedingt vermeiden.

※

Es gibt in den Augen Gottes keine Laien oder Mönche. Er schaut nur auf unseren Geist und unser Gefühl. Du kannst ein wirklich spirituelles Leben führen und Laie bleiben. Du wirst in der Lage sein, dich an der Glückseligkeit des Selbst zu erfreuen, aber du musst mit all deinen Gefühlen und all deinen Gedanken immer auf Gott ausgerichtet sein. Dann kannst du sehr leicht Glückseligkeit erreichen. Eine Vogelmutter denkt an die Jungen im Nest auch dann, wenn sie auf Futtersuche fliegt. Ebenso musst du ununterbrochen mit deinen Gedanken bei Gott sein, während du mit weltlichen Handlungen beschäftigt bist. Wichtig ist nur, Gott völlig ergeben zu sein. Hast du einmal solche Hingabe, ist das Ziel nicht mehr weit.

Nach außen wie ein Löwe, doch innerlich wie eine Blüte – so sollte ein spirituell Suchender sein. Sein Herz sollte wie eine blühende Blume sein, die niemals verwelkt. Doch nach außen sollte er mutig und stark sein wie ein Löwe, dann wird er fähig, die Welt zu leiten.

Wenn er spirituelle Übungen betreibt, sollte er sich wie der Diener der Diener verhalten. Ein Suchender sollte die Haltung eines Bettlers annehmen. Er bettelt um Essen und geht weg, ohne ärgerlich zu werden, selbst wenn er nichts anderes als Beschimpfungen erhält. Dank dieser Haltung wird er sich weiterentwickeln. Nur ein mutiger Mensch kann geduldig sein. Während er spirituelle Übungen praktiziert, wird diese bettlerähnliche Haltung seinen Mut stärken. Der Same des Mutes gedeiht nur in der Erde der Geduld.

※

Alle Lebewesen sehnen sich nach Liebe. Solange wir nach weltlicher Liebe suchen, werden wir leiden, so, wie ein Glühwurm in der Flamme stirbt. Alles Streben nach weltlicher Liebe endet in Tränen. Das ist die allgegenwärtige Geschichte unserer Leben. Wirkliche Liebe ist nirgendwo zu finden, es gibt nur unechte Liebe. Sie ist wie das Licht, das von einem Fischer benutzt wird. Er wirft das Netz aus, schaltet das helle Licht an und wartet. Fische werden von dem Licht angezogen und kommen. Bald ist das Netz voll, und der Fischer füllt seine Körbe. Jeder liebt den anderen aus Selbstsucht.

Wenn andere uns lieben, nähern wir uns ihnen in dem Glauben, dass sie uns Frieden schenken werden. Doch sehen wir nicht, dass der Honig, den sie uns anbieten, ein Tropfen auf der Spitze einer Nadel ist. Versuchen wir den Honig zu genießen, dann wird die Nadel uns stechen. Deshalb sollte man die Wahrheit erkennen und in dem Wissen weiterschreiten, dass wir keine Freunde außer Gott haben. Dann müssen wir nichts bereuen.

Wenn wir uns ohne Wünsche ganz Gott zuwenden, dann wird Er uns im richtigen Moment alles geben, was wir benötigen. Wenn wir uns mit dieser Haltung Ihm zuwenden, wird Er für alles sorgen, und wir brauchen uns vor nichts zu fürchten. Es werden überall Wohlstand und Freude herrschen.

⚒

Derzeit leben wir in der Haltung von ›Ich‹ und ›Mein‹. Solange diese Haltung fortbesteht, werden wir nicht in der Lage sein, Kraft in uns zu finden. Wenn vor dem Fenster ein Vorhang hängt, können wir den Himmel nicht sehen. Zieh den Vorhang auf, und der Himmel wird sichtbar. Genauso werden wir das Licht in uns sehen können, sobald wir das Konzept von ›Ich‹ aus unserem Verstand und Gemüt entfernen. Dieses Ich-Konzept kann nicht ohne Demut und Hingabe aufgelöst werden.

Wenn wir das Holz für den Bau eines Kanus richtig formen wollen, benötigen wir die Kraft des Feuers. Ähnlich ist es mit der Demut. Sie formt uns, und ihre Kraft hilft uns, unsere wahre Natur zu offenbaren.

Ein dicker oder ausgefranster Faden geht nicht durch ein Nadelöhr. Er muss in eine schlanke Form zusammengedrückt werden, damit er hindurchgeht. Wegen der Hingabe des Fadens können zahlreiche Kleidungsstücke zusammengenäht werden. Hingabe ist das Prinzip, das das individuelle Selbst (jivatman) mit dem höchsten Selbst (param-atman) verbindet. All dies ist bereits latent in uns, doch um es nach außen zu bringen, müssen wir uns unaufhörlich bemühen.

Erst wenn wir uns als getrennte Wesen wahrnehmen, können wir andere ignorieren oder sie als unbedeutend einstufen, denn dann sind wir mit dem Ich identifiziert – mit unserem Ärger, Hass, Urteil, unserer Eifersucht und all den anderen negativen Eigenschaften. Aber wenn wir mit dem Selbst eins sind, messen wir den kleinlichen Gefühlen keinerlei Bedeutung zu. Dem Ego wird keinerlei Wichtigkeit eingeräumt. Wir verbleiben dauernd innerhalb des Selbst, der eigentlichen Mitte des Daseins. Wenn wir unser wahres Selbst vergessen haben und das Ich sich einmischt, tritt die Empfindung des Andersseins auf. Gegenwärtig sind wir uns nur des kleinen Selbst bewusst – wir sind egozentrisch. Wir müssen aus unserer Egozentrik herauswachsen und in unserem wahren Selbst ruhen, in Brahman, dem Absoluten Bewusstsein.

Es ist gar keine Frage, dass sich die Menschen ihres begrenzten Ichs bewusst sind. Sie sind sich ihres Körpers und ihrer materiellen Existenz sehr bewusst. Doch das ist nicht das Problem. Das Problem ist, dass sie gleichzeitig gänzlich unwissend hinsichtlich des göttlichen inneren Selbst sind. Wird man einmal des grenzenlosen Selbst gewahr, dann hört man auf, sich mit dem kleinen, begrenzten Ich zu identifizieren.

Die Menschen haben vergessen, wer sie sind: nämlich der eigentliche Mittelpunkt von allem, das Zentrum der ganzen Schöpfung. Stattdessen identifizieren sie sich mit etwas, das sie nicht sind.

Das Leben bringt unerwartete Erfahrungen. Falls wir nicht in jedem Augenblick wachsam und aufmerksam sind, können wir in diesen Erfahrungen nicht bestehen und ihnen nicht tapfer gegenübertreten. Die Situation eines Individuums im Leben gleicht der eines Soldaten auf dem Schlachtfeld. Du kannst dir vorstellen, wie wachsam und aufmerksam ein Soldat mitten in der Schlacht sein muss. Ein Angriff kann aus jeder beliebigen Richtung kommen. Wenn er nicht äußerst aufmerksam und andauernd umsichtig wäre, könnte er getötet werden. Das Leben kann dir genauso jegliche Art der Erfahrung zu jeder beliebigen Zeit bescheren. Du benötigst eine gehörige Menge an Aufmerksamkeit, um in der Lage zu sein, diese Erfahrungen willkommen zu heißen und in allen Lebensumständen gleichmütig zu bleiben. Gerade das wird uns durch die Spiritualität gelehrt. Nichts ist für einen spirituellen Sucher wichtiger als Aufmerksamkeit.

❈

Deine Gedanken sind deine eigene Schöpfung. Du lässt sie Wirklichkeit werden, indem du mit ihnen kooperierst. Entziehe ihnen deine Unterstützung, und sie werden sich auflösen. Beobachte deine Gedanken. Hab sie nicht gern und hasse sie nicht, verurteile sie nicht als gut oder böse. Sei einfach ein Zuschauer, und sie werden verschwinden. Die äußere Welt wird nicht verschwinden, nur weil du sie betrachtest. Aber wenn du unbeteiligter Augenzeuge sein kannst, dann wird die innere Gedankenwelt verschwinden. Stell dir einfach vor, dass die Gedankenwelt ein fließender Fluss ist und du ein Beobachter, der am Flussufer steht, ohne in den Fluss zu springen.

Glückseligkeit liegt nicht in äußeren Dingen, sondern in uns selbst. Haben wir erst den nötigen Abstand, es so zu betrachten, dann werden wir aufhören, äußeren Vergnügungen nachzulaufen.

✳

Immer, wenn du mit einer schwierigen Situation konfrontiert wirst, ist dein erster Impuls, ihr zu entfliehen, sie zu vermeiden und fortzulaufen. Die Menschen glauben, damit könnten sie sich von dem Problem frei machen. Aber dem ist nicht so. Vielleicht können sie für eine Weile entkommen, doch früher oder später werden die gleichen Schwierigkeiten wieder auftauchen, mit noch größerer Härte als zuvor.

✳

Man sollte verstehen, dass äußere Situationen nicht die Macht besitzen, uns zu verletzen. Nur sobald der Verstand diese Situationen interpretiert, steigt der Schmerz von innen hoch. Eine Situation wird zum Problem, wenn du sie in der falschen Weise interpretierst. Das Ziel ist, den Verstand nicht äußere Situationen beurteilen oder kommentieren zu lassen. Das erreichst du aber nur, wenn du die Kunst des Beobachtens erlernst.

✳

Erledige deine Pflicht so gut du kannst, doch sei dir gleichzeitig der Kraftquelle bewusst, die Ursache von allem ist. Verstehe, wie die Welt funktioniert, und handele mit Besonnenheit. Lass dich bei auftretenden Hindernissen nicht aus dem Gleichgewicht bringen oder sei zu hochgestimmt bei freudigen Ereignissen. Diese Welt wurde für dich erschaffen. Weder die Schriften noch die Heiligen behaupten, dass man auf jegliche Vergnügungen verzichten sollte. Doch ein gewisses Maß an Zurückhaltung ist vonnöten, während man sich der Dinge dieser Welt erfreut.

※

Die großen Heiligen sollten Vorbilder für uns sein. Selbst in seinem letzten Moment betete Jesus Christus: »Oh Herr, vergib ihnen, denn sie wissen nicht, was sie tun.« Krishna schenkte dem Jäger Befreiung, der ihn mit einem Pfeil tötete. Eine solche Haltung der Selbstlosigkeit ist vorbildlich.

※

Ihr solltet alle lieben. Nur dann wird Gott euch lieben. Der Zustand des Gleichmuts ist der wirkliche Gott.

※

Geistigen Frieden erlangen wir nur, wenn wir den Unterschied zwischen dem Ewigen und dem Vergänglichen verstehen und uns entsprechend verhalten. Alle unsere Verwandten werden uns eines Tages verlassen, und wir werden alleine sein. Deshalb sollten wir uns über das wirkliche Ziel des Lebens Gedanken machen. Wenn wir diese Einstellung dem Leben gegenüber haben, dann brauchen wir den Tod nicht zu fürchten. Unsere Vorfahren haben uns diesen Weg aufgezeigt, doch folgen wir ihm nicht mehr.

※

Die Vergangenheit wird nie zu uns zurückkehren. Wir wissen ebenfalls nichts über die Zukunft. Anstatt deine Zeit zu verschwenden und deine Gesundheit zu ruinieren, indem du über die Vergangenheit und die Zukunft brütest, solltest du die Gegenwart verbessern. Momentan ruinierst du die Gegenwart, indem du ständig mit deinen Gedanken in der Vergangenheit oder der Zukunft bist. Nur Gott kennt alle drei – Vergangenheit, Gegenwart und Zukunft. Deshalb solltest du Ihm alles überlassen, stets an ihn denken und nach vorne blicken. Dann wird immer ein Lächeln auf deinem Gesicht sein.

✳

Wenn du fällst, dann steh auf und gehe guten Mutes weiter. Stell dir vor, dass der Sturz dazu gedacht war, dich aufmerksamer zu machen. Sieh die Vergangenheit als einen ungültigen Scheck an. Es hat keinen Sinn, darüber zu brüten. Es ist auch sinnlos, einfach nur dazusitzen und sich über seine Wunden Gedanken zu machen. Man sollte so schnell wie möglich auf die Wunden Medizin geben.

Niemand bringt irgendetwas in diese Welt oder nimmt etwas mit. Wir eignen uns hier Dinge an und verlieren sie dann wieder. Das ist alles. Wenn wir erst einmal erkennen, dass dies die Natur der Dinge ist, werden wir unsere Kraft nicht damit vergeuden, uns darüber Sorgen zu machen. Innerer Friede ist der wahre Reichtum. Das ist der Reichtum, den wir schützen sollten.

✳

Wenn wir wissen, dass um uns herum ein Feuerwerk im Gange ist, dann wird uns der nächste laute Knall nicht erschrecken und uns unser Gleichgewicht verlieren lassen. Ebenso ist es, wenn wir die wahre Natur dieser Welt verstehen. Wir werden unser Gleichgewicht nicht verlieren. Wir sollten lernen, alles als eine Pflicht zu tun, die uns übertragen wurde, und auf unserem Weg voranschreiten, ohne uns mit irgendetwas zu identifizieren.

❋

Wir sollten fähig sein, alles mit Aufrichtigkeit und Begeisterung zu tun. Wir sollten uns weder entmutigen lassen noch faul werden, weil wir denken, dass uns am Ende nichts bleibt. Wir sollten unsere Arbeit als Pflicht ansehen und sie mit Aufmerksamkeit tun. Wir sollten keine Abneigung gegen sie haben.

❋

Innerer Friede folgt immer auf eine Phase des Schmerzes. Du musst zuerst Schmerz erfahren, um in den Zustand der Freude zu gelangen. Schmerz zu Beginn und dauerndes Glück am Ende, das ist weitaus besser als Glück zu Beginn und lang währende Pein am Ende. Schmerz ist ein unvermeidbares Element des Lebens. Du kannst nicht dauernden Frieden, andauerndes Glück erfahren, ohne in irgendeiner Form gelitten zu haben.

Da die spirituelle Glückseligkeit die weitaus höchste Freude unter allen anderen ist, muss der Preis für diese Glückseligkeit auch äußerst hoch sein: Du musst dein ganzes Leben für dieses Ziel hingeben.

❋

Selbstverwirklichung ist ein Zustand vollkommener innerer Ausgeglichenheit. Dadurch kann man allen Herausforderungen des Lebens gelassen entgegensehen. Man wird bei schmerzlichen Erfahrungen nicht weinen und bei erfreulichen Dingen nicht unnötig jubeln, sondern beides gleichermaßen willkommen heißen. Im Frieden verankert und jenseits von Glück und Schmerz zu gehen, es als das Wesen des Lebens betrachtend, ist Selbst-Verwirklichung.

※

Damit sich ein menschliches Wesen verwandeln und alle Unvollkommenheiten und Begrenzungen überschreiten kann, muss die Vergangenheit sterben. Jeder besitzt die Fähigkeit, dies geschehen zu lassen, die rechte Entschlossenheit vorausgesetzt. Vergiss, wer du warst oder was du in der Vergangenheit getan haben magst. Konzentriere dich darauf, wie du jetzt gerne sein willst, und dann, während du alles unternimmst, um das Ziel zu erreichen, lass auch alle Pläne für die Zukunft los. Wer oder was du bis jetzt gewesen sein magst, ist von geringer Bedeutung.

※

Um uns vom Leid zu befreien, sollten wir Handlungen mit Sorgfalt ausüben, ohne an die Ergebnisse zu denken oder uns um diese zu sorgen. Wir werden dann mit Sicherheit den Lohn erhalten, den unsere Taten verdienen. Gute Taten führen zu guten Ergebnissen.

Seid deshalb bei all euren Handlungen wachsam und gottergeben. Einer jeden Tat wird die volle Folge zuteil – ob ihr euch darum sorgt oder nicht. Warum also Zeit mit dem Nachdenken über die Früchte der Handlungen verschwenden? Es ist besser, diese Zeit dafür zu nutzen, an Gott zu denken.

※

Spirituelles Leben ist unmöglich ohne echte Unterscheidungsfähigkeit und Losgelöstheit. Ein spiritueller Mensch hat die Last der

ganzen Welt mitzutragen. Er darf in keiner Situation schwach werden. Er muss über festen Glauben und tiefe spirituelle Weisheit verfügen. Er darf kein Schwächling sein. Sein Leben sollte in keiner Weise von den Worten oder Taten anderer beeinflusst werden.

Aber die Menschen von heute sind nicht von dieser Art. Das Gleichgewicht in ihrem Leben hängt von ein paar Worten ab, die anderen über die Lippen gekommen sind. Ein wirklich spiritueller Mensch verhält sich keinesfalls so. Er übt sich darin, fest in seinem Inneren zu stehen. Er lernt, worauf es im Leben wirklich ankommt.

❈

Ein Mensch, der an Gott glaubt und den göttlichen Grundsätzen als Ideal folgt, kann kein Sklave schlechter Gewohnheiten werden. Da er nach innen gewendet bleibt, sucht er das innere Glück und nicht das äußere. Er empfängt Seligkeit von Gott, der in ihm wohnt. Nichts Äußeres kann ihn binden.

❈

Die Aufmerksamkeit, die wir jedem Detail entgegenbringen, kann uns Gott näher bringen. Das Maß an Sorgfalt, mit dem wir die äußeren Handlungen ausführen, enthüllt den in uns versteckten Schatz. Achtet auf eurem spirituellen Weg auf alles, was euch begegnet. Durch die Betrachtung der kleinen Dinge können wir die großen erkennen.

❈

Jede überflüssige Handlung ist nicht rechtschaffen, das Versäumnis einer notwendigen Handlung ebenfalls nicht. Dharma ist die Aus-

84

führung der notwendigen Handlungen zur richtigen Zeit und in angemessener Weise.

✳

Wir sollten niemals jemanden aus Feindseligkeit heraus beschimpfen oder kritisieren, sondern es ausschließlich für den Fortschritt dieser Person tun. Schimpfen oder kritisieren wir aus Ärger oder Eifersucht, begehen wir einen Fehler, wodurch unser Geist unrein wird. Ein spiritueller Aspirant sollte sich niemals dazu hinreißen lassen. Ein wichtiger Aspekt der spirituellen Praxis besteht darin, zu lernen, in anderen nur das Gute zu sehen. Nur dann wird die Negativität in uns enden.

Wenn wir andere mit Liebe kritisieren und ausschließlich ihre Besserung im Sinn haben, wird es sie vom Falschen zum Richtigen führen. Geht es uns jedoch nur ums Fehlerfinden, so verunreinigt es unseren eigenen Geist und stärkt außerdem noch die Feindseligkeit des anderen und ermutigt zu weiteren Fehlern.

Um die Wahrheit zu verwirklichen, ist es notwendig, das Wahre zu suchen. Man muss Zuflucht zur Wirklichkeit nehmen. Bei vollem Verständnis für das reale Prinzip hängt sich der Geist nicht an irgendetwas Äußeres. Bemüht euch darum, nach innen zu schauen. Auf diese Weise werdet ihr fähig, euch für immer am Zustand der Seligkeit zu erfreuen.

✳

Wer über wahre Zielorientiertheit und Einsicht verfügt, wird nicht aufgeben. Trotz Hindernissen und Versagen bemüht er sich stets erneut. Nur wer unbeirrt das letztendliche Ziel im Auge behält, ist fähig, ununterbrochene Loslösung zu bewahren.

✳

Die Spiritualität erlaubt es uns, sich der Schönheit und des Duftes des Lebens zu erfreuen. Es gibt keinen Aufruhr und keine Störung. Selbst wenn aufgrund unserer Handlungen in der Vergangenheit Leid entsteht, wird es aufgrund von Hingabe nicht als solches empfunden. Sogar das Leid ist eine Art der göttlichen Gnade, die die Hand ausstreckt, um uns in den Zustand des Friedens zu erheben.

✳

Woran es in der Welt heutzutage am meisten mangelt, ist selbstlose Liebe. Die Frau hat keine Zeit, den Sorgen des Mannes zuzuhören oder ihn zu trösten; und der Mann tröstet seine Frau nicht oder hört ihr nicht zu, wenn sie das Bedürfnis hat, ihm von ihren Nöten zu berichten. Menschen lieben einander für das Erreichen ihres eigenen Glücks. Keiner geht darüber hinaus und liebt jemanden so sehr, dass er bereit ist, eigene Annehmlichkeiten aufzugeben. Wir erleben bei niemandem die Opferbereitschaft, für andere das eigene Leben einzusetzen. Statt der Einstellung »ich bin für dich da« findet sich nur die Haltung »du bist für mich da«.

Wir praktizieren Spiritualität, um zu lernen, anderen ihre Fehler zu vergeben und sie zu lieben – nicht, um sie abzulehnen. Jeder kann andere ablehnen, jedoch jeden anzunehmen ist das Schwierige. Nur durch Liebe können wir andere vom Falschen zum Richtigen führen. Verstoßen wir jemanden wegen seiner Fehler, wird er sie weiterhin begehen. Deshalb solltet ihr die Fehler anderer vergeben und ihnen liebenswürdig den Weg weisen. Bezieht euch nicht immer wieder auf Fehler, die jemand in der Vergangenheit gemacht hat, das führt nur dazu, dass er weitere Fehler begeht.

⁂

Anhaftung und Ablehnung sind nicht etwas, was wir einfach ablegen können. Die Blasen im Wasser platzen, wenn wir versuchen, sie anzufassen. Es ist unmöglich, sie zu ergreifen. In der gleichen Weise ist es nicht machbar, Gedanken und Gefühle loszuwerden. Versuchen wir, sie zu unterdrücken, werden sie doppelt so stark und bereiten Schwierigkeiten. Nur mit Hilfe von Kontemplation können wir uns von unseren negativen Gefühlen befreien. Wir sollten unsere negativen Tendenzen anschauen und durch gute Gedanken abschwächen. Sie lassen sich keinesfalls mit Gewalt abstellen.

⁂

Sobald wir die Haltung eines Bettlers annehmen, verschwindet der größte Teil des Egos. Wir haben dann das Gefühl, ausschließlich bei Gott Zuflucht zu finden. Dann fallen die negativen Neigungen von selbst von uns ab. Lediglich durch die Bemühung, kleiner als das Kleinste zu werden, wird man größer als das Größte. Durch Kultivierung der Haltung, jedermanns Diener zu sein, wird man zum Meister der Welt.

⁂

Die richtigen Ergebnisse einer Handlung beruhen auf der Reinheit unserer Motivation. Trotzdem haben wir auf die Tat selbst zu achten und zu beobachten, was daraus entsteht. Mit innerer Reinheit zu handeln erfordert Übung.

※

Geduld ist die einzige Eigenschaft, die vom Anfang bis zum Ende des spirituellen Lebens notwendig ist. Bevor ein Baum wachsen kann, muss die Schale der Saat brechen. Ähnlich muss das Ego verschwinden, bevor die Wirklichkeit erkannt werden kann.

※

Wenn du weißt, dass sich irgendwo in der Erde eine Quelle befindet, bekommst du dadurch nicht automatisch Wasser. Du musst an der Stelle einen Brunnen graben. Deinen Durst kannst du auch nicht löschen, indem du bloß das Bild eines Brunnens betrachtest. Es ist notwendig, Wasser aus einem tatsächlich vorhandenen Brunnen heraufzubefördern und davon zu trinken. Und nützt es dir etwas, in einem geparkten Auto zu sitzen und auf eine Landkarte zu starren? Um an dein Ziel zu kommen, musst du die Straße entlangfahren, die auf der Landkarte eingezeichnet ist. Genauso ist es unzureichend, lediglich an spirituellen Treffen teilzunehmen oder in den Schriften zu lesen. Um die Wahrheit zu erfahren, musst du ihnen gemäß leben.

GLOSSAR

ADVAITA: Eine Schule der Philosophie, die erklärt, dass die Nicht-Dualität die höchste Wahrheit und alles Existierende diese Eine Wahrheit in vielen verschiedenen Formen sei.

ARJUNA: Neffe und enger Freund von Gott Krishna; dieser übermittelte Arjuna die Bhagavad Gita.

ASHRAM: Spirituelles Zentrum, »Ort des Strebens«, an dem spirituelle Sucher und Aspiranten leben bzw. den sie besuchen, um spirituelle Lebensführung und Übungen zu praktizieren. In der Regel gibt es dort einen spirituellen Meister, Heiligen oder Asketen, der die Suchenden anleitet.

ATMAN: Die Absolute Realität, wie sie der Geist-Seele des Menschen latent innewohnt. Einer der Grundsätze des Sanatana Dharma ist, dass wir nicht unser physischer Körper, Intellekt, Denken, unsere Gefühle oder Persönlichkeit sind, sondern unser ewiges, reines, makelloses Selbst.

AVATAR: Eine Inkarnation von Gott.

BHAGAVAD GITA: Der Gesang Gottes; ein Lehrgespräch zwischen Krishna und seinem Anhänger Arjuna, das zu Beginn des Mahabharata-Krieges, vielleicht vor etwa fünftausend Jahren, stattfand.

BHAJAN: Devotionales Singen religiöser Lieder.

BRAHMACHARI: Ein zölibatär lebender Schüler oder Aspirant.

BRAHMAN: Die Absolute Realität.

BRAHMASHAKTI: Die Energie, die Macht der Absoluten Realität.

DARSHAN: Die Gegenwart (oder die Audienz bei) einer heiligen Person oder Gottheit.

DEVA: Eine Gottheit oder ein Lichtwesen.

DEVI MAHATMYAM: Ein alter Text, der die Göttliche Mutter preist.

DEVOTEE: Gottesverehrer, Anhänger eines Meisters.

DHARMA: Rechtschaffenheit im Einklang mit der göttlichen Harmonie.

GANESH: Der Gott, der Hindernisse beseitigt, Sohn von Shiva, elefantengesichtiger Gott.

GRIHASTASHRAMI: Jemand, der ein Eheleben führt und gleichzeitig *sadhana* ausübt.

GURU: Lehrer oder spiritueller Meister.

GURUKULA: Ashram und Schule von einem Guru, in dem Schüler durch Studium und Dienst eine Grundlage in spirituellem und weltlichem Wissen erhalten.

JAPA: (Häufige) Wiederholung eines Mantras.

JIVANMUKTI: Befreiung noch während des Lebens im Körper.

JIVATMAN: Die individuelle Seele.

JNANA YOGA: Der Pfad des Wissens.

JNANI: Jemand, der die Höchste Realität kennt; eine Seele, die das Selbst verwirklichte.

KARMA YOGA: Der Weg des Handelns.

KRISHNA: Eine Inkarnation Vishnus.

LEELA/LILA: Göttliches Spiel oder Theaterstück; etwas, das so erscheint, als ob.

MAHABHARATA: Ein vom Weisen Vyasa verfasstes Epos des antiken Indiens, das den Familienstreit zwischen den Pandavas und den Kauravas – beide Sippen sind mit Krishna verwandt – beschreibt; der Streit eskalierte zu einem katastrophalen Krieg.

MAHATMA: Große Seele, großer Weiser.

MANTRA: Heilige Formel oder Gebet, das ständig wiederholt wird. Dadurch werden die in einem schlummernden spirituellen Kräfte geweckt, und das Erreichen des Ziels findet Unterstützung. Es ist am wirkungsvollsten, wenn es von einem spirituellen Meister während einer Einweihung gegeben wurde.

MAYA: Illusion.

MOKSHA: Befreiung vom Kreislauf der Geburt und des Todes.

OJAS: Spirituelle Energie, die durch spirituelle Übungen und Zölibat entsteht.

PARAMATMAN: Die Allerhöchste Seele bzw. Gott.

PURNAM: Voll oder perfekt.

RAMAYANA: Das Epos über Gott Rama, verfasst vom Weisen Valmiki.

RISHIS: Die Seher des alt-antiken Indiens, denen Göttliches Wissen offenbart wurde, das sie ihren Schülern übermittelten.

SADHAK: Ein spiritueller Aspirant.

SADHANA: Spirituelle Praxis.

SAMADHI: Versenkung des Geistes in die höchste Wirklichkeit oder Wahrheit.

SAMSARA: Der illusionäre Kreislauf von Geburt, Tod und Wiedergeburt.

SANKALPA: Göttlicher Entschluss.

SANNYASIN: Jemand, der die formalen Gelübde der Entsagung abgelegt hat.

SATCHITANANDA: Die Höchste Wirklichkeit als Sein-Bewusstsein-Seligkeit.

SATGURU: Ein Meister, der das Selbst realisierte.

SEVA: Dienst am Nächsten, Dienen als Ausdruck der Verehrung Gottes in allen Wesen.

SHAKTI: Kraft.

SHRADDHA: Sorgfalt, Aufmerksamkeit, Glaube.

TANTRA: Eine Schule der Philosophie, die lehrt, dass alles in der Schöpfung eine Manifestation der Allerhöchsten Wirklichkeit ist.

TAPAS: Buße.

UPANISHADEN: Der Schlussteil der Veden, der die Lehre über das Wissen vom Selbst darstellt.

VASANAS: Resteindrücke von Gegenständen, Personen und Handlungen, die früher erfahren wurden; Gewohnheiten.

VEDANTA: Das »Ende der Veden«; die Upanishaden, die den Pfad des Wissens beschreiben.

VEDAS/VEDEN: Die maßgeblichen hl. Schriften der Hindus; wörtlich: »Wissen«.

VEENA: Ein Saiteninstrument des klassischen Indiens.

YOGA SUTRA: Ein philosophisches Werk des Weisen Patanjali, das den Weg des Raja Yoga bzw. den yogischen »Pfad der acht Glieder« (*ashtanga*) beschreibt.

YOGI: Eine Person, die sich der spirituellen Praxis dauernd widmet, um die Vereinigung mit dem Göttlichen Ursprung oder Gott zu erreichen.

YUGA: Ein Zeitalter, ein Äon.

WEITERFÜHRENDE LITERATUR

Mata Amritanandamayi, Der Weg der Weisheit und Liebe, Theseus Verlag, Berlin 1998

–, Ewige Weisheit I, M. A. Math, Amritapuri 1998

–, Ewige Weisheit II, M. A. Math, Amritapuri 1999

–, Gespräche mit Amma 4, M. A. Math, Amritapuri 1997

–, Mutter der unsterblichen Glückseligkeit, Interlaken 1989

–, Gespräche mit Amma, Interlaken 1993

–, Gespräche mit Amma 2, Interlaken 1995

–, Gespräche mit Amma 3, Interlaken 1996

–, Unsterbliches Licht, M. A. Math, Amritapuri 1996

–, Mögen Eure Herzen erblühen, M. A. Math, Amritapuri 1995

–, Einheit ist Frieden, M. A. Math, Amritapuri 1996

–, Mensch und Natur, M. A. Math, Amritapuri 1995

Swami Paramatmananda, Auf dem Weg zur Freiheit, M. A. Math, Amritapuri 1998

Kontaktadressen

Hauptzentrum in Indien:
Mata Amritanandamayi Math
Amritapuri P.O., Kollam Dt., Kerala 690525
Tel: 0091 476 896 179 / 896 278
Fax: 0091 476 897 678
E-Mail: mam@amritapuri.org
Webseite: www.amritapuri.org

Deutschland
Verein Amrita e.V., Linzhausenstr. 82,
D-53545 Linz/Rhein, Tel. 02644-8736, Fax 02644-8736,
E-Mail: amrita.ev@amma.de
oder
Verein Amrita e.V. – Verkauf – Amselweg 20,
64753 Brombachtal,
Tel. 06063-2216, Fax 06063-911406,
E-Mail: verkauf@amma.de oder ammasales@aol.com
Deutschsprachige Webseite: www.amma.de

Schweiz

Amrita Vereinigung
Wagenhalde 8, CH-8162 Steinmaur
Tel./Fax 01 853 04 29
E-Mail: amrita@amma.ch
oder
Amrita Vereinigung – Verkauf –
Im Aespli 1
CH-8909 Zwillikon
Tel./Fax 017600568
E-Mail: amritasales@bluewin.ch

U.S.A.

Mata Amritanandamayi Center
Postadresse: P.O. Box 613
San Ramon, CA 94583 – 0613
Anschrift: 10200 Crow Canyon Road
Castro Valley, CA 94552
Tel: (int+1) 510 537 9417 / 510 537 9427
Fax: (int+1) 510 889 8585 / 510 537 2981
E-Mail: macenter@ammachi.org

Theseus im Internet: www.Theseus-Verlag.de

Wir senden Ihnen auch gern unseren Gesamtprospekt zu.

Die Deutsche Bibliothek – CIP-Einheitsaufnahme

Ein Titeldatensatz für diese Publikation ist bei
Der Deutschen Bibliothek erhältlich.

ISBN 3-89620-176-X

Die Textauszüge dieses Buches sind folgenden Originalausgaben entnommen:
Awaken Children! Conversations with Mata Amritanandamayi, Vol. II & IX,
by Swami Amritaswarupananda Puri, published by M.A. Center, P.O. Box 613,
San Ramon, CA 94583-0613, USA
Eternal Wisdom, Vol. I & II, by Swami Jnanamritananda Puri, published by
M. A. Center, P.O. Box 613, San Ramon, CA 94583-0613, USA
The Mother of Sweet Bliss, by Swami Amritaswarupananda Puri, published by
M. A. Mission Trust, Amritapuri P.O., Kollam District, 690525 Kerala, India

© M. A. Center
© der deutschen Übersetzung M. A. Center
© der deutschen Ausgabe Theseus Verlag, Berlin, 2001
Die Theseus Verlag GmbH ist ein Unternehmen der Verlagsgruppe Dornier

1. Auflage Juni 2001

Übertragen aus dem Englischen: M. A. Math
Lektorat: Heike Neder

Umschlaggestaltung: Morian & Bayer-Eynck, Coesfeld
unter Verwendung eines Fotos © M. A. Center
© sämtlicher Fotos M. A. Center
Gestaltung und Satz: AS Typo & Grafik, Berlin
Druck: Jütte Druck, Leipzig
Printed in Germany

ISBN 3-89620-176-X

Gedruckt auf alterungsbeständigem Papier mit chlorfrei gebleichtem Zellstoff